Karl Tannen, Karl x-ref Eiehwald

Niederdeutsche Sprichwörter und Redensarten,

Gesammelt und mit einem Glossar versehen

Karl Tannen, Karl x-ref Eiehwald

Niederdeutsche Sprichwörter und Redensarten,
Gesammelt und mit einem Glossar versehen

ISBN/EAN: 9783743685000

Hergestellt in Europa, USA, Kanada, Australien, Japan

Cover: Foto ©ninafisch / pixelio.de

Weitere Bücher finden Sie auf **www.hansebooks.com**

Niederdeutsche
Sprichwörter und Redensarten

gesammelt

und mit einem Glossar versehen

von

Karl Eichwald.

Vierte Ausgabe.

Bremen.

Verlag von Karl Tannen's Buchhandlung.

1870.

Vorwort.

Das Studium meiner vielgeliebten Muttersprache häufte nach und nach ein Material auf, das in diesem Büchlein sich abrundete. Viele ernste und heitere Stunden schwanden mir bei dem Einsammeln dieser Kernfrüchte, entkeimt dem Geiste des Volkes. Hatte das Einsammeln und Aufspeichern seine ernst heitere Situation, so darf ich wohl voraussetzen, daß der Genuß bei Andern ähnlich wirken und das Büchlein auf diese Weise nicht ohne Freunde bleiben werde.

Bremen, im October 1867.

Karl Tannen.
(pseud. **Karl Eichwald**.)

A.

1. De A seggt, mutt of B seggn.
2. Aal is en swar Mahl; if bräg lewer en Steen as dat if em ete.
3. He loppt dot as en Aal int Solt.
4. Aalke Burtalke
   Wa rummelt di de Buk? —
   Dat deit de sure Karnmelk,
   De will dar herut.
5. Den Aantvagel kann man nix nehmn, as den Kopp.
6. De Aanten drägt er Recht uppen Puckel.
7. Elk Schöt is keen Aantvagel.
8. Dar sünt mehr Äbärs as Poggen.
9. Wor Äbärs sünt, dar sünt of Poggen.
10. De Äbärs nögt, mutt Poggen hebbn.
11. De Äbär is sin Feddern eben so got nödig, as de Lünink.
12. Abndrede un Morgenrede kamt selden öwereen.
13. Man soggt Nüms achtern Abnd, o'r man hett sülfs darachter setn.
14. De den Globen hett, kann so bra uppen Abnd backen, as derin.
15. Tegen de Backabnd janen.
16. Abndroth, Abndroth, mörgen moje Wer.

17. Abnbroth is got, man Mörgenroth gift Water inn Slot.
18: Acht is mehr as Dusend.
19. Elk hö sik vern Achterklapp.
20. Dat heet afblibn! —
21. En Ahnwersvagel wesn.
22. De 't All hebbn will, kriggt nix.
23. Kese un Brod sleit Allmann dot.
24. Se is nich Allmanns Gabung.
25. Achter Allmanns Eers gan.
26. En Allmanns Frund.
27. Ene Allmanns Hore.
28. Allmanns Frund, mennig Manns Geck.
29. De vun Neet kummt to Eet, da's Allmanns Verdret.
30. He is der ankamn as Amke an de Beren.
31. De ole Amtmann weer doch mitn Buck tofredn, bisse awer will de ganze Heerde.
32. Alle Ämter sünt smerig.
33. Alle Ämter gevt Kappen.
34. Anholn deit krign.
35. Anholn geit vört Krign.
36. He hett dat in de Rige, as Anke dat Mölenspill.
37. He liggt vört beste Anker.
38. Dat leste Anker hollt fast, as Pikk un as Theer.
39. Dar loppt wat vun St. Annen mit under.
40. Ansprake hebbn.
41. Ansteweln kamn.
42. Antje! Be! 't Speck ward uns stahlen.
43. Dat is nett so vel, as Knikkers in Antjemös Eers.
44. Anto is noch nich half.

45. Anwifung is noch keen Betahlung.
46. Ap, wat heft bu moje Jungen! —
47. Beter en Ap, as en Schap.
48. Dat bi be Ape luse! —
49. Wat ward nich all vör Geld makt, sä de Bur, as he en Ape seeg.
50. Wat vun Apen kummt, will lusen,
Wat vun Katten kummt, will musen.
51. Den schull man mit Appelbrekk besmiten, un schikken em ben Döwel to Niejahr.
52. He schellt as en Appelhöker.
53. De Appel is beter gebn, as getn.
54. Beter de Appel, as be Stamm fallt af.
55. De Appel fallt nich wit vunn Stamm.
56. De April hett sin egen Will.
57. Unwennde Arbeit makt Duesen.
58. Öwer de Arbeit hen sturen.
59. De will ruhig starben, lat sin Got ben rechten Arsen.
60. Man süht Eenen wol langs be Arm, awerst nich langs be Darm.
61. Beter arm mit Ehren, as rik mit Schande.
62. Wenn de Arme hett wat, so hett he keen Fatt.
63. Ik will bi ben Ars feistern!
64. Dat is Artjen vunt Va'rtjen, Ortjen vunt Mo'rtjen.
65. Art will vun Art nich.
66. Dat was Em, sä Attohm, do harr he be Rötte bi 'n Steert.
67. Öwerdad böggt nargens to, as to biken un dammen.

1*

B.

68. Hol den Baart! —
69. Dar is di de Baart noch nich na wussn.
70. Eenen den Honig um den Baart smern.
71. He sitt Baas an.
72. Bat et nich, so schad et nich.
73. He is dar badn up.
74. Baben bunt un under Strunt.
75. Wenn du't nich wullt, so segge, et is di badn.
76. Ik kann mitn Fot nich inr Tasse kamn, anders wull ik di Badnbrod gebn.
77. Wat to Bakkbord in kummt, mutt to Stürbord ut.
78. Bakken un Bruen misradet wol ins.
79. Beter is mitn Bakker as mitn Apthefer to eten.
80. Dat hett keen Swarigkeit, sä de Bakker, do he 't Brod to licht makt harr.
81. He hett sik versehn, as de Bakker to Hinte, de sin Fru vör Brod inn Bakkabnd schof.
82. Dat will wol balgen, awerst nich talgen.
83. Dat is verbetert dör Jan Balhorn.
84. He will dwas mitn Balken int Hus.
85. Bunn Husbalken en Bessenstehl maken.
86. De bange is, de mutt schildern.
87. Upper Fulbank liggn.
88. En Baren anbindn.
89. He is so klunterig, as de Bar up Schöwels.
90. Achtern Barge holen.
91. Barg un Dal begegent sik nich, Minskenkinner wol.

92. De Barm leep em öwert Harte.
93. He weet wo Bartelb den Most halt.
94. Döse=Bartelb.
95. Dar is noch een Slagg derin, sä Barth, do harr he vun Emden na Terbörg in de Tunnerpott slan.
96. Dat blänkert as Beaten er Sülwertüg.
97. Ik bün darmit to Bebde broggt.
98. Sik nich ehr uttehn, bet man na Bebde geit.
99. De sik wol bebdet, de slöppt got.
100. Hol di sucht, awerst pisse nich int Bebde.
101. De Eene makt 't Bebde un de Ander leggt sik darup.
102. Eerst en Bede, dann en Sede, dann en Plicht.
103. Bedeln schänd wol, man 't armt doch nich.
104. Dat hett he in de Föhl, as de Bedler de Lus.
105. De Bedler bestellt sin Harbarge nich.
106. De sik mitn Bedler sleit, kriggt Lüse.
107. Dar schull man 't Sweet vun krign, sä malle Beeke, do kreeg se wat Lüttjes.
108. Dat hett he an sin seer Been.
109. Buten Beens lopen.
110. Et schall wol in de Beene sakken.
111. Beer un Barmhartigkeit kamt bi em tosamen.
112. Is dat Beer inn Manne, de Geest is inr Kanne.
113. Achter na loppt dünn Beer.
114. Du arme Tafelbeer wat gerst du öwer bin Macht.
115. Beer nährt, Brannwin tehrt.
116. He süht ut, as wenn he 't Warmbeer alleen hett.
117. Sin Behof don.

118. He is so riwe, as Jan Behrens, be leet en Nesebrüppel inne Gribbelgrabbel fallen.
119. Dat is keen Speck vör min Beck.
120. De Beck steit er recht na 't Flimstriken un Munjeproten.
121. De Beren sünt sur, sä be Voß.
122. De ripsten Beren sünt al schubbet.
123. He beret man so.
124. Vör Bescheb, barna is keen Verbret.
125. Nie Bessen feget rein.
126. He loppt asn Bessenbinner.
127. De Beste kann ok fehlen.
128. Hartliwig int Betalen wesn.
129. Smale Beten eetn.
130. Beter is beter.
131. Dat kann keen Blinder sehn.
132. He hett ins twee Blinde wat gebn, be könnt 't noch ni sehn.
133. He loppt barmit, as Dirk Blome mitn terreten Katechism.
134. Achterna as Blom.
135. En Block ant Been hebbn.
136. If wull dat du uppen Blocksbarge seetst.
137. Dat Blot kruppt, bar 't nich gan kann.
138. He is nich bobbenfast.
139. He hett Bohnen getn, de Boßen sünt em vör de Ohren schatn.
140. Et steit em so hagebökn.
141. Dat is man en Böe, de flüggt wol balb öwer.
142. Alles to Bolten breihn.

143. Mit heeten Bolten strikkt sik got.
144. Dar stat keene Bookstäwe in.
145. Gott stürt de Böme, dat se nich in den Heben wasset.
146. Je höger Bom, je swarer Fall.
147. Dat geit nich inn hollen Bom.
148. Körbom geit to Fulbom.
149. Wenn de Bom is grot, dann is de Planter dot.
150. Risk dör den Bom gan.
151. Bomstill swigen.
152. Eerst in de Boot, dann köre vun Reemn.
153. Ter Noth isn Bootsmann got.
154. Lange Borgen is nich quit schelden.
155. En vergetn Borger is of en got Mann.
156. Dat bört sik nich.
157. He bört all wat rund is.
158. Boske=spi=in=de=Bohnen.
159. Bestan as Botter vör de Sünne.
160. Wenn de Botter up is, so is 't Smeren ut.
161. Em isn Klumpen Botter in de Bri fallen.
162. De Bottermelk mitr Meßforken eetn.
163. Et will nich bottern.
164. De Botter is so söt, asn Nutt.
165. Nu will de Botter dörn Sakk.
166. En Stuten=Botterbrod verdeenn.
167. Dar verröhmt sik ok wol Een an Botter, de he nich pröft hett.
168. De Botter is jahrliks dreemal dull; eenmal, wenn se to week is, dat annermal, wenn se to hart is, dat drüttemal, wenn man se nich hett.

169. Bra'n un Sa'n.
170. He geit so stif, as of he Bra'n getn hett.
171. Den Bra'n dreihn, so lange as he drüppet.
172. En Brader isn Butt werth.
173. En holten Brögam.
174. Der brav achterum kamn.
175. Ik hebbe dar de ollsten Breefe in.
176. He hett Bregen inn Kopp.
177. Elk hett sin Brek.
178. Ik bün keen Bremer.
179. Bremen is'n Slukhals, harr de Junge seggt, do harr he en halven Groten darin vertehrt.
180. Nich licht wat anbrennen laten.
181. De Bri ward heeter upgebn as getn.
182. He sprikft as wenn he Bri inn Munde hett.
183. Wenn 't Bri regent sünt mine Schöttels umkehrt.
184. He kriggt dar en aissen Brill up de Nese.
185. De Bringer hett de Rugge af.
186. Ik hebbe legn as upper Britze.
187. De Brod hett, den ward Brod badn.
188. De ton Knust bakket is, ward sin Leben keen Brod.
189. He geit so krumm, as of he Brod borgen will.
190. He kann nich Brod spreken.
191. Annerwegen ward of Brod bakft.
192. Dar is noch keen Brod up bakft.
193. Stahlen Brod smekft söte.
194. Misgunnt Brod ward of getn.
195. Dessen Brod ik ete, dessen Wort ik spreke.

196. De sin Kinner gift Brod un litt sülweft Noth, be is werth, dat man em sleit mit der Kule bot.
197. He hett sin Brod bet uppen Knuft getn.
198. Et is alle een Brod, dar een Rinde um geit.
199. De't Brod itt, is eben so got, as be't gift.
200. He hett 't Brod vör 't Kau'n, as de Rötten.
201. He kann mehr as Brod eetn.
202. Like Brö'rs, like Kappen.
203. En fuchtige Brö'r.
204. Brö'r will wol, man he dürt nich.
205. De Brö'r taft mit beide Handen, de Süfter man mit een.
206. Ik hebbe de Brü bervun.
207. Brüst du mi, brü ik di webber.
208. Up losen Bruggen is quad riden.
209. Ik mutt jümmer de Brugge bal tre'n.
210. Een Frund inner Noth,
Een Frund inn Dod,
Een Frund achter Ruggen
Dat sünt dree starke Bruggen.
211. De dat Glück hett, geit mitr Brut to Bedde, wenn he der of nich mit trod is.
212. Se sitt, as wenn se mitr Brut kamn is.
213. Dat is 't Rechte, wor de Brut um danzet.
214. Se is so ehrbar, as eene Huslüde Brut.
215. Beter de een Brutschatt erwarft as de een verdarft.
216. He süht ut, as wenn he mitr Brut kamn is.
217. Dat schall bugen o'r breken.
218. In de Bucht springn.

219. He liggt mi alle Dage upper Bucht.
220. He mutt Buk un Bakk vull hebbn.
221. Dat schall di to Bukbete kamn.
222. Uppen Buk liggen asn Plaggenmaiher.
223. De Wind weihet wol Sandbarge to hope, man keen
    dikke Büke.
224. He geit der up los, as de Bukk uppe Haverkiste.
225. Beter dat de Buk barst, as dat de Kost verdarft.
226. Een holten Bukk hett de ok Talg? —
227. Wenn de Bukke nu lammden, so gingen de Schape güst.
228. Dat holt hart, sä de Bukk, do schull he lammen.
229. Dulle Bullen gevt bulle Kalwer.
230. Du wullt ok allerwegen mit achteran bummeln.
231. De olen Bunken sünt swar.
232. Bunter as bunt.
233. De beste Bur isn Schelm.
234. De en Bur will brü'n, mutt en Bur mit bringn.
235. Wa brü't de Bur den Husmann.
236. Inn Bur hört Röwen, inn Ossen Stroh.
237. So fragt man den Bur de Kunst af.
238. Elke Bur röhmt sin egen Botter.
239. Wat de Bur nich kennt, dat fritt he nich.
240. Wullt bu, of schall ik, sä de Bur ton Bullen.
241. En Bur uppen Edelmann setten.
242. Mit Verlöf stillt man den Bur de Koh.
243. He lacht as de Bur, wenn he mit de Meßforken
    kibbelt ward.
244. Man mutt den Bur nich wis maken, dat de Voß
    Eier leggt.

245. Lechtmessen bunker
So is be Bur en Junker,
Lechtmessen lecht,
So is be Bur en Knecht.
246. Dat weet be Bur nich to kau'n.
247. Wenn be Bur nich mot,
So rögt he nich Hand noch Fot.
248. Bur, schaff up! —
249. All to glik, sä be Beender Bur, bo harr he een Perd vörn Wagn.
250. Bur blifft Bur, al is 't of up hilge Paskdag.
251. Bur, magst of Kohföt? —
252. Dat schall em wol vergan, as be Bur dat Aberlaten.
253. De Bur isn Bur, en Schelm vun Natur.
254. De Bur seit sik wol gris, awer nich wis.
255. Endelk will be Bur be Koh betahlt hebbn.
256. He! wa sitt be Bur up 't Perd, as be Mober Gotts uppen Esel.
257. He schall keen Bur in be Finster lopen.
258. He is bi ber Hand asn Schohburst.
259. Uppen Busk kloppen.
260. Dar geit be Busse los.
261. He lett sik mitn Busse vull Bohnen verjagen.
262. Ik will bi foort bustern.
263. Dat di be Butke nich bitt.
264. Nu is be Butte gallet.
265. Ga hen un schum Butte.
266. De Spanbeerbüxe anhebbn.

C.

267. Crispinus stillt dat Lebber, un gift de Schoh um Gottswillen.
268. Cunradi, hal na di!

D.

269. Kummst du vundage nich, so kummst du morgen.
270. Morgen kummt ok en Dag.
271. Aller Dage Abnd is noch nich kamn.
272. Dar hest du en schön Dagwark began!
273. Wenn sik de Dage beginnt to längen, beginnt sik de to Winter strengen.
274. Dat scheelt as Dag un Nacht.
275. Eener besörget faken den Dag, de he nich belebet.
276. En unbesorgden Dag hebbn.
277. Um Niejahr hebbt de Dage en Hahnentritt wunnen.
278. De Dag will en Abnd hebbn.
279. De Dage sünt vel, man de Mahle noch mehr.
280. Een Dag in de Weeke mutt man vör Schelm un Deefe mit arbei'n.
281. Dusend dikke Daler! —
282. Wa ward et darna baken! —
283. Et is mit em Peter uppen Dake.
284. De Lust to danzen hett, den is licht upspeelt.
285. Elk fege vör siner Dör, so ward de ganze Strate rein.
286. Mitt Döre int Hus falln.

287. He hett be Schürdör apen.
288. He is so geriflik, as be Döre vunt Rafphus, be fallt em achtern Eers to.
289. He süht ut, asn ungehangen Deef.
290. En Deef hett grot Recht.
291. He gluppt vun unnern up, asn Hohnerdeef.
292. He dukt asn Hohnerdeef.
293. Dat is keen Deef, be ber stillt un 't we'r bringt.
294. Elk isn Deef siner Nahrung.
295. He geit up asn weten Deeg.
296. He is so schir, as wenn he utn Deege wöltert is.
297. De sik inn Hofbeenst to Dode quält, kummt nich inn Himmel.
298. De sin Deenst anbütt, be sin Lohn is nich grot.
299. He geit, as wenn he na'n Hofbeenst geit.
300. Et is nich beep bi em.
301. Elk mutt sin Schipps Deepte weetn.
302. He leep, as wenn he en Unbeert to sehn kreeg.
303. Dehlen na Norwegen schikken.
304. Kamt se unner eene Deeke, so lehrt se ok eene Spröke.
305. Man mutt sine Föte nich vubber steken, as be Deeke geit.
306. Elk mutt sik strekken na sine Dekken.
307. En Deterfeter gan laten.
308. Dat hett be ganze Dag al so gan, sä Anke Diebels, bo leeg se mit Appels in be Göte.
309. En Eilke vunr Diern.
310. Dat gift Luft, sä be Diern, bo kreeg se twee Kinner up eenmal.

311. Dat schall mi nie bon, sä de Diern, ut wat vern Gatt bat wol utloppt, do piß se inn Temse.
312. Diern§ un Müse makt kahle Hüse.
313. Gode Diern§ un gode Göse kamt bi Tib§ to Hu§.
314. He holt nich bicht.
315. Eenen ann Dik jagen.
316. Dat brengt keen Soden ann Dik.
317. He fritt a§n Diker.
318. All Dink mit Maten, bit to bon un dat to laten.
319. De alle vorkomende Dinge wüß, de würr fröh rik.
320. Dat is nix, min Dochder, de Kerl nimmt bi nich..
321. De Dod sitt em upr Lippen.
322. De Dod loppt mi öwert Graff.
323. Utsehn as de Dod vun Lübeck, — vun Ipern.
324. Umsu§ is de Dod.
325. De Dod will en Orsak hebbn.
326. De bot i§, lett sin Kiken.
327. Hapedod levt am längsten.
328. 't I§ hier so stille as up eener Dodenwake.
329. En Dok mit Gäste umslan.
330. Et i§ so slatterig a§n Schöttelduk.
331. Eenen to na don.
332. Jeden lik un recht don.
333. Don i§n Dink, man Snakken könn wi all.
334. Elk mutt weetn wat he beit.
335. Wenn vele Doren tohope doret, ward der Dorjeri to vel.
336. Den Döwel een Been affweren.
337. Se i§ half Döwel, half Hölle.

338. Nu will de Döwel en Schelm warrn.
339. Halt de Döwel dat Perd, so hole he den Tom darto.
340. Dat geit na dusend Döwel.
341. Een Döwel heet den annern Glepoge.
342. Nu will de Döwel up Stelten gan.
343. De Döwel is so swart nich, as man em afmalt.
344. Jk kenn dat Krut, sä de Döwel, do harr he Wen=
bungel fretn.
345. Alle Bate helpt, sä de Döwel, as he de Botter mit
de Heuforke eet.
346. All wat de Döwel nich lesn kann, dat sleit he rörbi.
347. Anno Een as de Döwel junk weer.
348. Dar is keen Döwel so slimm, he weet noch immer
Eenen, de der slimmer is.
349. De Beste in de Midden, sä de Döwel, do gunk he
twüsken twee Papen.
350. De Döwel schitt jümmer uppen grotsten Hopen.
351. De sik mitn Döwel got steit, de kriggt den besten Platz
inr Helle.
352. De un de Döwel sünt in eener Nacht junk warrn.
353. De den Döwel to Frunne hett, kann licht in de Helle
kamn.
354. Elf Sins, dann kriggt de Döwel nix.
355. Funtas! sä de Döwel, do fund he sin Moder int
Horhus.
356. „Gleich sucht sich, gleich find't sich," sä de Döwel, do
quam he ton Kohlenbrenner.
357. Gnädig, Herr Döwel, ik bün ok en Gespök.

358. He hett sik bekehrt vunn Döwel ton Satan, ober: vunn Schrubber ton Heidbessen.
359. De brabe loppt, kann brabe webberkamn.
360. En Drapey to sik nehmn.
361. He isn Draueler.
362. De vun Drauen starst, warb mit Furten belutt.
363. He meent sin Drekk is Muskaten.
364. Bet ower de Ohren inn Drekk steken.
365. Smit be Drekk an be Wand, klift he, so klift he.
366. Up sin Dreve wesn.
367. He hett mi genog brillet.
368. Man seggt wol vun ben velen Drinken, awerst nich vun ben groten Dorst.
369. De Driwer un de Esel benket nich öwereen.
370. Dat is man en Drivsnakk.
371. En Drom isn Drog.
372. Drowes Drumpel!
373. He braf mi nich öwern Drüppel kamn.
374. De vörn Dübbeltje is, kann nümmer vörn Dreestüver utgebn warrn.
375. He kann nich buken noch swemmen.
376. De Dukś un be Dob!
377. Dulken un bukken.
378. Schuv=vörn=Dum hebbn.
379. De Dum is 't ehrlichste ann Müller.
380. De vorwas will, mutt ben Dum stif holen.
381. Dwas un bwer.
382. Jan Vörbwas. — Dwasbüngel.

383. De't Dwattje nimmt um't Schattje, un't Schattje is
verkehrt, dann sitt 't Dwattje bi de Heerd.
384. Een Dwingeland is beter as seben Bibbers.

E.

385. Wi sünt eenander jo nich to Echt gebn.
386. He is nich echt.
387. Een is beter as keen.
388. Lop to, so schimmelt di de Eers nich.
389. Sitt uppen Eers, so loppt dar keene Mus in.
390. He is em dörn Eers tagn.
391. Den Eers to knipn.
392. Dat is so dröge as Sünder Klas sin Eers.
393. En sitten Eers kann vel bedenken.
394. Wat is 't got dat di de Eers noch faste sitt.
395. Keen sitten Eers hebbn.
396. Quekksülwer inn Eerse hebbn.
397. He is öwer Eers inn Staat kamn.
398. Vertagen Eersgatt.
399. En Eers vull gebn.
400. Vergetern Eers.
401. De kakken will, mutt de Eers darto bon.
402. He hett got kakken, he hett'n Eers bi sik.
403. Wenn Kinner kakken willt as ole Lüde, so beit jüm
be Eers weh.
404. Utn nauen Eers geit 'n nauen Furt.
405. De Staat hangt er utn Eerse asn Rissen Flaß.

406. Spinnen isn kleen Gewinn, be't nich deit, mitn Eerse nakend geit.
407. Dat lickt darna as min Eers na'n Peperdose.
408. De 't Glück eenmal inn Eers will, de schad keen Toknipen.
409. De is mitn Eers int Botterfatt falln, de sitt weck.
410. De Eers jökt mi, 't gift en got Botterjahr.
411. Du schast mi den Finger wol utn Eers holden.
412. He sitt mitn Eers na 't Lüch as de Holskenmakers.
413. De am Eersten kummt, de malt am Eersten.
414. Et is sin Egge un Plog.
415. Ehre bewahrt un Kost bespart.
416. Börn Ei un en Botterbrod kopen.
417. 't Is beter half Ei, as lebbige Dopp.
418. Se sünt een Ei un een Dopp.
419. Een Ei upr Meßbähre drägen.
420. He geit as wenn he up Eier geit.
421. He sitt as wenn he Eier utbröden will.
422. Friske Eier, gode Eier.
423. Quab Ei, quab Küken.
424. En Ei is en Ei, sä de Pape, langbe awer doch na't grötste.
425. Dat Ei wahren un dat Hohn flegn latn.
426. Dat Ei will klöker wesn, as dat Hohn.
427. Fule Eier un stinkende Botter.
428. Een ful Ei verdarvt dat ganze Nest.
429. He kann dar nich een Ei to schellen.
430. De en roh Ei in't Für rakt, mutt wachten, dat et barstet.

431. He weet sine Eier got to schellen.
432. Dat sünt Eier, de bar ut gat.
433. Dat sünt Windeier.
434. He will en Stippei verdeenn.
435. De en Ei inn Steert hett, de hett got kakeln.
436. Mit Limpe kriggt man dat Ei inn Hoppensakk.
437. Dat is nett asn Ei inn Hoppensakk.
438. He kann wol Per'eier eten, wenn anner Lübe Höhner=
eier etct.
439. Half eken un half esken, as Berend Eiben sin Büx.
440. Achternánner as de Eilanders un de Göse.
441. Dat isn ewig Verband, as Jan Elers sin Kattblekk
mit veer isern Hörnbanne.
442. He kummt vun Emden, Gott beter't.
443. He mook luter Emmenstreke upr Straten.
444. Vun Ende to Wende.
445. Nin Ende noch Tall finden.
446. Ende got, Alles got, mörgen kaak wi Mehlpüt.
447. He süht wol to, dat he bi 'n dikksten Emr' blifft.
448. Elk Dink hett sin Wetenschapp, sä Engelmö, do puste
se dat Lüch mitn Eers ut.
449. Wenn de Esel sin Dragt hett, so weet he wo he gan
schall.
450. De sik ann Esel schürt, kriggtr Haar vun.
451. De ton Esel geboren is, kummt nich upt Perd.
452. Dat Eten hett nich Klakk noch Smakk.
453. Eten un Drinken holt Lief un Seele tosamen.
454. He slöppt nich, wenn he wat eten schall.
455. Et't smakelk!

456. De sik nich satt ett, de likkt sik of nich satt.
457. Eten watn mag, un libn watn kann.
458. Eet di satt un hol di platt un rack nich bi de Hüse.
459. Et sünt nich luter Evangeljen, wat he seggt.

F.

460. Fabian Sebastian lett den Sapp int Holt gan.
461. De klattrigen Fahlen gevt de besten Per'.
462 He hett en Fahl uptagen, de em vör de Schene sleit.
463. He is so darten, asn Enterfahl.
464. Eenen int Fahrwater kamn.
465. He fakkelt nich, wenn he wach ward.
466. Dar is nich mit to fakkeln.
467. Mak man nich vele Fakksen.
468. Da 'sn raren Sand, sä de Feling, as he inn Klei kamm.
469. He meende he har dar en Falken fangn.
470. En dögde Fangst don.
471. Jnn Vörfangst wesn.
472. He sitt babn an un stippt nebben int Fatt.
473. Dat Fentjen upn Hot stekn.
474. De sik inn Drank mengt, den fret't de Farken.
475. De Farken könnt nich libn, wat de Mutte verschul=
    det hett.
476. Jk will dar nich een Fesen vun hebbn.
477. He hett noch vel int Fatt.
478. Et is noch nich in dat Fatt, dar't in suren mutt.
479. Lopen asn Fattbinner.
480. Dat is faut!

481. Et is so stille, man kann Febbern seien.
482. Eenen de Fettfebbern utplukken.
483. Mit de Fettfebbern börgan.
484. De nich fege is, starvt nich.
485. Wi beide sünt noch nich fege, wi levt noch een Jahr tosamen.
486. Ik will em fegen! —
487. Dat is noch inn widen Felde.
488. Dat Feld hett Ohren un de Busk Ogen.
489. En lüttjet Fell.
490. En verlopen Fell.
491. Em bevt dat Hasenfell.
492. Dat Hasenfell antehn.
493. Dat is vör Voß= un achter Schap=Fell.
494. He hett dat malle Fell an.
495. En bulln Fent.
496. Eenen bi 'n Fibbik krign.
497. Eenen wat upper Fidippse gebn.
98. Dar schast bu alle Five na likken.
499. Five grepen vergevs un twee segen bedröft to.
500. He süht ut as wenn he keen fiv tellen kann.
501. Sik fin maken.
502. De Find mag mi haln!
503. Man kann 't mit en natten Finger aflopn.
504. Dat smekt, man schull de Finger darna likken.
505. He is bi em Finger nächst den Dum.
506. Krumme Fingers maken.
507. Man kann nich en Finger in de Aske steken, dat de Nabers nich wetet.

508. De eerst be Fingers worin hett, kriggt boll be ganze Hand berin.
509. He scholl em de Fingers utn Bekk holn.
510. Flaß- un Fisel-Finke.
511. He is so egensinnig as Jan Finke, de schull na 'n Galgen un wull nich.
512. Ut hoge Finsters kiken.
513. De Finsters, de utlucht, möt ck webber inluchten.
514. Ungefangen Fiske sünt nich got to Diske.
515. Bun lüttje Fiske weert de Hekt grot.
516. Man weet nich, ob man Fisk o'r Flesk an em hett.
517. Dat isn harde Fisk to flömen.
518. Fix un farbig! —
519. De Fitje sünt em stuvt, he schall 't Flegen wol latn.
520. An de Flabben slan.
521. De Flabben hangn latn.
522. Dat will nich flasken.
523. Ut flären gan.
524. Hol doch de Fläter!
525. De roh Flesk kaut, den bot de Kinnbakken weh.
526. He geit 'r herum, as de Flege um den heten Bri.
527. Bumswise tofallen, as de Flege inn Bri.
528. Achter na fleiten.
529. Ik will di wat fleiten!
530. Fleiten gan.
531. Wat to Flentern innehmen.
532. He kann so flessen kören.
533. He wurr ganz flessen.

534. Jk hebb 'r nich een Flinsen vun beholn.
535. So licht asn Flogg.
536. En Sakk vull Flöhe wahren.
537. De Flok hett 'n goden Sinn, wor he utfahrt, dar fahrt he webber in.
538. Et flott gan latn.
539. Eenen flott krign.
540. Na hogen Floben kamt lage Ebben.
541. De Flunken hangn latn. (Vergl. Nr. 521.)
542. En ole Fohrmann hört noch geern de Swep klappen.
543. He hett et inr Följe.
544. He is so slimm as Folkert, kakkt Eier inne Bri.
545. He mag sin For wol.
546. Se könnt keene like Fore tohope plögen.
547. Weten, wo de Forke inn Stehl stikkt.
548. Den besten Fot vör settn.
549. En wittn Fot bi Jemand hebbn.
550. De flüchtige Fot makt den schuldigen Mann.
551. De Fot bi 't Mahl holn.
552. Schepels Föte un Spinds Schoh.
553. Dat Platte vun de Föte is noch unner.
554. Gande Fot gewinnt.
555. He hett Heu um de Föte.
556. He geit up de Föte asn Gaudeef.
557. He fallt öwer sin egen Föte.
558. Se is grawes Fots.
559. Na de Föte töbn.
560. Et schall wol gan, wenn 't man eerst Föte hett.
561. De vel fragt, wart vel wis.

562. Hol de Freten to!
563. Eenen lik in de Freten kikn.
564. Dar wart keen Freter baren, sundern makt.
565. Fritt to, 't is all Gottsgabe.
566. He fritt beter, as he schrifft.
567. Beter to fröh, as to lat.
568. Up Frijers Föten gan.
569. Alle Frijers sünt keene Nehmers.
570. Alle Frijers sünt rik, alle Fangene arm.
571. De frijen will mutt eerst utbeenn.
572. Frijen unner een Dakk, is grot Gemakk.
573. Frijerimakers un Eierkakers verdeent selben Dank.
574. Fru to hetn un nix to genetn, dat schull den Hagel verdretn.
575. Dar is keene Fru so rik,
    Se is der Koh lik.
576. De Fru kann mehr ton Finster utlangn, as de Mann in de Schürdör infört.
577. Fru uppen Disk, Geld in de Kist.
578. Fruens Dod un Ellnbagens Stot, deit lik weh.
579. De gar to fründelk is, hett Een bedragen o'r will Een bedrägen.
580. De naste Frünn folgt de Lik.
581. Frünne kiwen, Frünne bliwen.
582. Dar schrumfunkelt he hen.
583. Tohope fummeln.
584. To funden kamn.
585. Min Fund hel, min Fund half! —
586. Et is en Funke! —

587. Enen firen as Furt uppen Spon.
588. He bott bar Für achter.
589. Dat Für is mi in de Schoh utgan.
590. De bat Für nödig hett, be soggt et inr Asken.
591. Dar is keen Für so heet, Water kann 't utdon.
592. Für un Flammen spi'n.
593. Gekkheit is Gekkheit, man Für inn Eers is keen Gekkheit.
594. He sitt mit Mültjes bi't Für und spüttert in de Aske.
595. Et is en rechte Futikan!

G.

596. He süht ut, as wenn he utr Galgen schubbet is.
597. To Gange krign. — To Gange kamn.
598. Dat isn rechte Gapenstokk.
599. Dat gapt wit un bitt Nüms.
600. Upper Garve herum ri'n.
601. He isn dörtagen Gast.
602. Dat is de Weg na't Gasthus.
603. Dat geit vör de Wind int Gasthus.
604. Worn Gastenkorn liggt, dar kann keen Roggenkorn liggn.
605. En Knep asn Gastenkorn.
606. Nich to gebn un to nehmn wetn.
607. De bar givt, wat he hett is werth dat he levt.
608. Eenmal gebn un wedder nehmn is slimmer as stehln.

609. De bar gebn, bat weeren de Leeven.
610. He is nich alto gebst.
611. De fragt, will nix gebn.
612. Hol bi ant olfte Gebot un lat bi nich verblüffen.
613. De lanksam geit, kummt ok.
614. De nich geit, de nich kummt.
615. Sik begesse-wässen latn.
616. Wat hett Gesse bar to don?
617. De sik sülfst de Gekk anscheert, kann upholn wenn he will.
618. Geld, dat dumm is, makt lik wat krumm is.
619. Koppern Geld, koppern Seelmesse.
620. Al we'r Geld, wor de Fru nich vun weet.
621. Baar Geld lacht.
622. Bi Geld is got wahnn.
623. De Geld will vermalln, kop Gläs' un lat se falln.
624. De vun achtern kummt, hett keen Geld.
625. Vör Geld is Alles to krign.
626. Vör Geld kann man den Döwel danzen latn.
627. Geld isn rare Waare.
628. Geld un Got is Ebbe un Flot.
629. He hett so vel Geld as de Pogge harr.
630. He is allerwegs, as quab Geld.
631. Dat fallt int Gele.
632. Sin Gerik hebbn.
633. De nich getn hett, de pleggt nich to hungern
634. He süht ut as wenn he utn Geter sapn hett.
635. He kregt inn Gevel.
636. Hett spött em inn Gevel.

637. He hett en Geweten, dar man mit 'n For Heu in um=
wennen kann;
oder: aån Schlachterhund, wat he nich
upfritt, nimmt he mit.
638. Dar steit em de Gier na, oder: Dar steit em de Lekker na.
639. So lange as de Gierige levt, hett de Bebreger keen Noth.
640. As et was inn Ginn,
Do was ik noch nich brin.
As et was inn Slut,
Do was ik al barut.
641. Gissen is missen.
642. De Gissing brüggt faken.
643. To deep int Glas kiken.
644. He is so glatt, as wenn he likkt is.
645. Dat Glükk loppt em to Dören un Finsters in.
646. De Een sin Unglükk, is de Anber sin Glükk.
647. De sik öwern anber sin Unglükk freut,
De sin egens steit vör de Döre un bleiht.
648. He is so tru as Gold.
649. Dat geit um en Golden of um en Isern.
650. Gold uppen Kragen, Hunger inn Magen.
651. Grillen, sä Göke, do kreeg he sin Moder vörn Plog
652. Wenn de Gos Water süht, so will he brinken.
653. So wit gat use Göse nich.
654. Mit de Göse inn Prozeß liggn.
655. He part se as de Blokklander de Göse.
656. Wo geit et? — Platt unner as be Göse!
657. Unrecht Got bijet nich.
658. He regert as nix Gots.

659. Got makt Moth, Moth makt Swermoth, Swermoth beit selben got.
660. Dat is ja keen Rofgot!
661. Beter Andermanns Got, as keen Got.
662. Got is got, man al to got is Allmanns Narr.
663. Got of bot of de Brand derin.
664. Got of keen Geld.
665. Dat verbarme Gott!
666. Gnade us Gott!
667. De Gottlose kriggt de Barm.
668. Gott regert de Welt, de Knüppel Jungs an Hunne.
669. Gotts Segen is so wol in Water as Win.
670. Dar wasset wol Gras öwer.
671. Darna Gras, darna Quas, Darna Gast, darna Quast.
672. Ik begrep mi noch, as ik et seggn wull.
673. Gript, wenn 't ript!
674. Bur=Gretje. — Dikke Gretje. — Grise Gretje. — Hans un Gretje.
675. Dar is em en Grindel vörschoven.
676. Eenen grön wesn.
677. He beit grot und bred un is nix darachter.
678. De een Groten spart hett twee verdeent.
679. Bliv bi de Grund so fallst du nich.
680. In Grus un Beten slan.
681. Grutt un Murt.
582. Ell busend Gulden brengt sin Gierigkeit mit sik.

H.

683. Dat schutt nich um biner gelen Haare willn.
684. Mit de Haare bihaln.
685. Dar is keen got Haar an em.
686. He hett noch en Haar inn Nakken, dat em torügge holt.
687. Haar latn.
688. Krus Haar, krusen Sinn.
689. In de Haare brögn latn.
690. Sik slan un haartagn.
691. He is bi de Haar öwern Tun kamn.
692. Em stikt de Haber.
693. Hab ik, de bebede sik.
694. Dat di de Hagel!
695. Den Hagel ok!
696. En Hagel utr Najagd.
697. Jan Hagel un sin Mat.
698. Wenn de Hahn up sin Mistfahl is, so kreiht he.
699. Sik strüwen asn kallkutsken Hahn.
700. He springt herum asn Hahn, de de Kopp af is.
701. Du büst de beste Hahn inn Korwe, wenn de andern alle darut sünt.
702. Haken un Cesken spinnen.
703. He hett uthökert.
704. Hakk un Makk.
705. He seeg em leewer de Hakken as de Tohnen.
706. He hett so vel to verhakkstukken.

707. Bun Hakken bet ton Nakken.
708. Et is nich half, nich heel.
709. Halfeen, halfander, — Malkeen, malkander.
710. Wenn 't halfwege is, so geit et noch mit.
711. He hett en Funke inn Hals.
712. Den Hals vull Erde hebbn.
713. Einen Hals versnakken.
714. De 't Hangen wennt is, de kellt be Hals nich mehr.
715. Achter den Hamen fisken.
716. Dat di be Hamer!
717. De sine Hand twusken Bork un Bom stikt, klemmt sik.
718. Et fluggt em vun de Handen.
719. He meent et schall em in de Hände fuln.
720. Spi in de Hand un wehr di!
721. Wat achter de Hand hebbn.
722. Sik up sine egene Hand settn.
723. Hand wahret Hand.
724. Manns Hand babn.
725. Dat is dar alle Dage Hand int Haar.
726. He gaf noch Kußhand to.
727. Dar is keen Hand vull, man en ganz Land vull.
728. Dat geit vun de Hand inn Land.
729. Dat Handwark hett en Bobben vun Gold.
730. Achttein Handwarken, negentein Unglükken.
731. Dat Handwark süft wol, man starvt nich.
732. Alle Handwarken sünt smerig, sä Kösters Wiv, do
                    kreeg se en End Kers ut be Kark.
733. De hangn schall, versuppt nich.
734. He fritt, as wenn he hangn schall.

735. Hanke in der Noth.
736. Hanke un alle Mann.
737. Hier is Smalhans Kökenmester.
738. Dar bring ik 't, sä Hans, un full bermit tor Dör in.
739. Beter happ to, as happ up.
740. Et is hier in der smagtigen Harbarge.
741. Dat Oge will ok wat hebbn, harr de blinde Harm seggt, do freede he na en moje Diern.
742. He kann et bi mi wol harren.
743. Ut sin Hart keene Mordkule makn.
744. En trorig Hart is jümmer hellig.
745. Bitter inn Mund is vört Hart gesund.
746. Dat Hart will en Klager hebbn.
747. Dat Harte fallt em in de Boren.
748. He hett en Harte asn Musekötel.
749. De Hase bru't.
750. He loppt asn spannet Hase.
751. Dat paßt sik as de Haspel up de Kohlpott.
752. Alle Hast beent nicht.
753. Alle Hast is keen Spod.
754. Dat sünt sin Nükken, sä de Hatterske, do leeg er Mann up Starven.
755. Is 't nich vern Hau, so is 't doch vern Drau.
756. Dat is mi de rechte He.
757. Heken un Seken.
758. Hebbn is hebbn, krign be Kunst.
759. Hebbn is beter, denn krign.
760. Hebbn is wiß, krign is miß.
761. De wat hett, de wat frett.

762. Wat to heet un to swar is mutt man liggn latn.
763. Uppen Heger kummt en Fleger.
764. Eenen Heide un Weide verwitn.
765. De nar Heime tühet, fragt flitig nan Wege.
766. Helmke Bruerknecht.
767. Dat Hemd is neger, as be Rokk.
768. Keen Hemd öwern Steert hebbn.
769. Du warst in des Henkers Kök kamn.
770. He braut asn fette Henne.
771. Man mutt nich Hering ropen, man hebbe em denn bi'n Steert.
772. Nije Herren, nije Funde.
773. Mit grote Herren is nich got Kassebeern eten, se spijet een de Steene in de Ogen.
774. Nije Herren settn nije Wetten.
775. De den Landsherrn un den Amtmann sprekn will, de mutt de Stünnen nich telln.
776. He steit to, as wenn he usen leewen Herrn een Schur afbidden will.
777. Dat gink: „Heft du nich, so wullt bu nich!"
778. Et hilde un brokk hebbn.
779. Kloken Hillen er Sön.
780. Tähnlose Hille.
781. Wenn de Himmel infallt, so krig wi en groten Kükenkorf.
782. Et is luter Himphamperi darmit.
783. Fröh Hingst, fröh Rune.
784. Dat kummt em an mit Hitte und mit Kulbe.
785. Hofart mutt Pin lidn.

786. Een blind Hohn find ok wol ins en Korn.
787. Dat schall waren vun Vesper an bet de Höhner upflegt.
788. Wise Höhner leggt ok in de Nettels.
789. He is so krank asn Hohn, mag geern wat Eten un nix nich von.
790. Wi hebbt noch een Höhneken mit eenander to plukken.
791. Wenn man huss seggt, so meent man de Höhner alle.
792. Wenn dat Hohn en Ei inn Eerse hett, so is 't all verpändet.
793. Achter ut kleit de Höhner.
794. Mit de Höhner to Wim flegn.
795. Dat Hohn leggt dörn Kropp, un de Koh melkt dörn Hals.
796. Ga hen un föhl de Höhner of se 'n Ei hebbt un danz mit de Hahn.
797. Den Hoiken up beide Schullers drägn.
798. He geit der bör asn Holländer.
799. He süht ut as wenn he de Helle stormt hett.
800. De Holder kummt de eerste Drunk to.
801. He hört di wol gan, du hest Holsken an.
802. He kummt mit de Klumpen (Holsken) int Gelag.
803. Ellern Holt un rode Haare, wasset up keen goben Grund.
804. Hol achter fast! —
805. Hol bi hart! —
806. As man int Holt roppt, so roppt hett webber herut.
807. Dat steit em so holten an. (Vergl. Nr. 140.)
808. Nu sünt et Holtjes un benn sünt et Smoltjes.
809. Wor man Holt haut, dar fallt Späne.

3

810. Nu will der Honig inn Theerammer kamn.
811. An di fünt Hoppen un Molt verlarn.
812. Ik bün de Eerste un de Leste nich, is aller Horen Trost.
813. Horen un schnoren.
814. Büst du Hore of Deef, mit Geld büst du leev.
815. Darum keen Hor, wennt Kind man got is.
816. De der een Fot int Horhus sett, sett de ander int Gasthus.
817. De mit Weten en Hor nimmt, isn Schelm of ward Een.
818. De Nahrung will hebbn, mutt mennig Hore Jüffer nömn.
819. Se hett all vele Kreten up de Hören.
820. De dullen Hören aflopen.
821. Ga hen na Hörsten un lehr't Beden.
822. As sik hört un hört.
823. Ik will di wat hosten.
824. Dat geit bi Hosten un Snuwen.
825. He weet nich vun hott noch vun harr.
826. Ehrgierig, as Hotes sin Hund, de 't Brod nich weer nehm, dat se em eenmal namn harrn.
827. He kann nich in heler Hud lebn.
828. He kann kum in de Hud hangn.
829. Hüd di, he bitt di!
830. Uppen Hüder kummt en Rider.
831. He hett wat in de Hüll.
832. Hulter de Pulter!
833. Ole Hünn' sünt quad bänst to makn.
834. Ik schall jümmer de bukende Hund wesn.

835. He is so bekannt, as de bunte Hund
836. Dar sünt mehr bunte Hünn' as Een.
837. De mit Hünn' to Bedde geit, steit mit Flöhe up.
838. Dar schall nich Hund noch Hahn na kreihn.
839. Lebn as Katten un Hünn'.
840. Et geit em, as de betsken Hünn', de in heler Hub nich lebn könnt.
841. Et is hier so kolb, de Hünn' schullen 'r huln.
842. Wasset de Hund, de Knüppel wasset ok.
843. Kummt man öwer de Hund, so kummt man ok wol öwer de Steert.
844. Et is grot wat de Hund driggt, un wenn he 't bal leggt, so is 't man en Knaken.
845. Bunn Hund de Wurst kopn.
846. Et is mit em in de Hundsbag'.
847. Een de Hundestrate wisn.
848. Bitn asn Kednhund.
849. De Knüppel liggt bi 'n Hunne.
850. De Knüppel trusken de Hünn' smitn.
851. Dat schull de Hund siner Möme nich gebn.
852. Mötn Hund, mötn Hund, he hett en Schinken inn Mund.
853. En schevatsken Hund.
854. Uppassen asn Scheethund.
855. He schübbelt 't af asn Waterhund.
856. Wenn de Hund drömt, so is 't vun Brod.
857. Sik smign asn Hund.
858. Darvun gan as de Hund, de de Steert afhaut is.
859. Bun 't Nemn tahnen, lehrt de Hünn' dat Schohfreten.

860. Dar loppt keen Hund seben Jahr bull.
861. Dar sünt mehr Hünn' as Bünk.
862. Dat Fett drift baben, is 't of vun boden Hund.
863. Dat geit um as 't Hunneleiden.
864. Dat kummt bi de Hünn' er Wünsken to paß, dat de Kalwer starvt.
865. Dat schall em bekamn as de Hünn' dat Grasfreten.
866. De Hund be blafft, be bitt nich.
867. De Hünn' un Edellü makt keen Dör achter sik to.
868. De be Hund tarrt, mutt be Beet vörleev nehmn.
869. De sik vörn Hund verhürt, mutt Knaken freten.
870. De en Hund smitn will, find of wol en Steen.
871. Find man of Speck int Hunnenest?
872. Half un half, as de Hund schürt.
873. He is der rein up verstiwert, as de Hund up de bode Koh.
874. Dat Hundertste int Dusendste smitn.
875. Hunger makt rohe Bohnen söte.
876. De Hungerpotn sugn.
877. Hunken un Bunken. — Hub un Schub.
878. Utn Huse flugtern.
879. Elf Hüsken hett sin Krüsken.
880. An ole Hüser un ole Wiver is alltid wat to flikken.
881. He hett en Infall asn old Hus.
882. He is so wis, as dat Kakkhüsken to Bremen, dat vun Klokheit infull.
883. Dokter Hütentüt, de be Lüden dat Water besüht.
884. Dat ward di in de Hütte sni'n.
885. Et is Hüvken er Eerste.

J.

886. Dat is nich J un nich Fi.
887. He is dermit behungn, as funte Jaks mit de Muſſels.
888. He weet nich vun Jagn noch vun Fangn.
889. De een Andern will jagn mutt ſülfſt mit lopn.
890. Hochbeende Jahre.
891. De vör bartig Jahr ritt, mutt na bartig Jahr to Fote gan.
892. All na gerade kummt Jan int Wamms un Gret inn Rokk.
893. Dat isn anber Snakk as „Jan, kum herin und ett wat."
894. Dat wer noch nich ganz miß, ſä Jan, as he ſin Mo'r 't een Oge utſmetn harr.
Ober: Drapen! ſä de Junge ꝛc.
895. De nich dof is, mutt vel hören, harr mall Jan ſeggt.
896. De't don kann, ſä mall Jan, de gev mi 'n ſülwern Ortje.
897. Eerſt anſtekn, ſä Jan, as he na ben Galgn ſchull.
898. He is der bi kann as Jan bi'n Klüwerſtaken, harr'n ſtohlen. (Vergl. Nr. 30.)
899. Achter Jehannis-dage mutt man nich um Regen bibben, wenn Een of dat Sweet vun der Swaren loppt.
900. Junfer Jitte mit be holten Titte. — Dove Jitte. — Dumme Jitte.
901. Supn asn Jle.
902. He is ſo flügge asn Imme.
903. Dat kann keen Jöbe latn.

904. He is verlatn un verlarn aßn Jöbenseele.
905. Jögd hett keene Dögd.
906. De inr Jögd fahrt mutt upt Olber gan.
907. Kannst bu blinne Jost nich sehn?
908. Dat is jöwitt gan.
909. Een upt Glabis föhrn.
910. To Pinxsten uppen Jse.
911. En ole Jsegrim.
912. De Jumfer er Brod steit upt Finster.
913. De Jumfer is Brut, er Für geit ut, er Elend geit an.
914. En schnöttrige Junge — Deren, — Tibke.
915. Dar kummt vel Nies up, sä de Junge, as he be'n schull.
916. Dar geit 't hen, sä de Junge, do let he en Lus banzen.
917. Dat isn malle Brugge, sä de Junge, under Botter un babn Botter.
918. Dat isn Hund vunn Perd, sä de Junge, do ree he uppen Katte.
919. Dat bringt nich, man dat sammelt doch, sä de Junge, do harr he in be Kök en Ohrfige kregn un up be Dehl webber eene.
920. Dat geit dat 't stuft, sä de Junge, do ree he uppen Swin.
921. Dat schall mi nich weer gebörn, harr de Junge seggt, dat min Mo'r starvt un ik nich bi bün.
922. Dat harr ik mal don schullt, sä de Junge, do scheet en Swulk inne Soppe.
923. De breit em en Bolt, sä de Junge, do harr he ben Dum in sin Mobers Brutschatt.

924. Elk sin Möge, sä de Junge, ik eet Fign.
925. Elk deit wat, sä de Junge: Min Vader sleit min Moder, min Moder sleit mi, un ik sla de Bigge.
926. Gift Gott Jungens, gift he ok Bürens.
927. Gotts Wort in vull Fluchten, harr de Junge seggt, do harr he en Katechism an de Swepe.
928. Dar is keen Junker so krus, of he hett wol noch en Lus.
929. Dat Junkgot is dartn, mutt man 't ok bi 'n Steert uphelpn.
 Oder: Dartn Eers, dartn Eers, harr de Kerl seggt, do harr he 't Kalf bi de Steert uphulpn.
930. Up sin Just stan.
931. Nimm en betn Iwerkötel in.

K.

932. Kakkn un sorgn kummt alle Morgn,
 Sorgn will wi latn stan,
 Kakken sinen Gank schall gan.
933. De got hakkt, de got kakkt.
934. So dumm asn Achtervarndeel vunn Kalf.
935. Dat Kalf int Oge slan.
936. De dat löft, de hett en Kalf int Lief.
937. Dat kummt up lüttje Nümmer=Dag, wenn de Kalver upt Is danzt.
938. Dat hebbt se tosamen kalfatert.
939. As ik kamm an, so kamm ik wedder van.

940. De nich kummt, brukt of nich webber weggan.
941. Alle öwer een Kamm scheern.
942. Sett be Kannen vun der Hand, un do 't mitn Handen.
943. De dat Leste utr Kannen hebbn will, de sleit dat Lid upr Näse.
944. Sin Kans wahrnehmn.
945. Bunr nauen Kante wesn.
946. Sik in de Kante settn.
947. De Kare inn Drekk schuwn.
948. Een be Kare vör be Dör schuwn.
949. Dat schint asn Karfunkel inn Rookloke.
950. He geit nich to Karke noch to Warke.
951. Dat könnt se in Karkdörp of.
952. He geit flietig na be Karke, awer na'n Paster upn Schragn.
953. Dat is be Swir dervun, dat be Karnmelk blau is.
954. Dar ruk an, as Kasper an be Surkohl.
955. De Dieskater schall bi holn!
956. Wat vun Kattn kummt will musn.
957. De Katte lett dat Musn nich.
958. Wat be Katte kleit, fürt up.
959. He süht so fründelk ut asn Armvull junge Kattn.
960. Se mutt up alle Kattnjagdn mit wesn.
961. Wenn be Katte nich to Hus is, so danzet be Müse upn Disk.
962. De Katte inn Sakk kopn.
963. Bind be Katte vört Knee, sühst du nich, so süht be.
964. He süht ut, as Katt-krup-ut-'t-Water.
965. Lebn as Kattn un Hünn'.

966. Wenn be Katte muset so mau't se nich.
967. Wenn man be Katte upt Spekk binb, so itt se nich.
968. Dat is so gemeen as Kattenflesk, bat kruppt vun sik sülfst in be Pott.
969. Kattnhaar bar twusken hakkn.
970. En Kopp hebbn asn Klosterkatte.
971. In Dunkeln is got munkeln, lat alle Kattn grau.
972. De sik to musig makt, be fretet be Kattn.
973. So natt asn Katte.
974. Glabbe Kattn gat nich ünner be Okern.
975. Wenn be Katte prustet will 't got Webber warrn.
976. Unnütze Kattn levt lank.
977. Wat spart be Munb, fritt Katte un Hunb.
978. Je mehr man be Katte strakt, je höger hollt se ben Steert.
979. Dar is keen Katt sünder Hansken antofatn.
980. Dat is be eerste Katt, be mi vun Dage be Potn gift.
981. He is so wis as Salomons Katt, be vör luter Wis= heit vunt Stövken full.
982. He geit ber ut asn Katt, be 't bönnern hört.
983. He kann sin Katte wol Pus hetn.
984. Dar hett he wat an to kaun.
985. De Kekelreemn is em got löset.
986. Wor 'n Kerl fallt, bar kann en Kerl upstan.
987. En Kerl isn Kerl, awer en anber Kerl is ok en Kerl.
988. De Kerl isn rechten Bu=Ba.
989. He isn bwassen Henger vun Kerl.
990. En Kerl, as anber Lü Jungens.
991. En lüttje, kregel Kerl.

992. En Kerl, as wenn he regent is.
993. Dat is'n losn Sliepert un en utverpuberten Kerl.
994. Dat weer Een upt Nie, sä de Kerl, quam ut be Bicht un stohl 'n Pattstock (Klüwerstakn).
995. De Kerl hett Glück asn Fust dick; wat he anfat ward Gold.
996. Eerst dat Nödigste, sä de Kerl, do prügelbe he sin Wiv dör.
997. He is'n Kerl as Klas un Klas is'n Kerl asn Scheet.
998. He is'n Kerl as Kassen, hett Bene asn Ülk.
999. He is der verlegn mit as de Kerl mit de Böners.
1000. Klar is Kese.
1001. Utsehn as wekn Kese.
1002. Achterna eet wi Kese.
1003. De Ketel verwitt de Pott, dat he swart is.
1004. Schellen asn Ketelflikker.
1005. Dat is man Kikel=Kakel.
1006. Een inn Kiker hebbn.
1007. Kinner vun Willen, sleit man vör de Billen.
1008. Lüttje Kinner dokket, grote Kinner rokket.
1009. Nüms dränke sine Kinner af, he weet nich watr ut warrn kann.
1010. De Kinner, be se mit nander telet, will if ok wol mitn Ellbagen grot sögen.
1011. Dat drubbe Deel vunn Kinne sleggt na'n Vader.
1012. Kinnerfrage, ole Lü weet et wol.
1013. De keen Kinner hett, hett ok keen Hinner.
1014. Se hebbt nich Kind noch Küken.
1015. Keen Kind ward grot ahne Bulen.

1016. He süht ut, man schull'r Kinner mit na Bebbe jagn.
1017. Sik wehrn, as 't Kind inr Wegn.
1018. Upn Kinnerfangst wesn.
1019. Wenn de Kinner to Markte kamt, so kopt be Kramers Geld.
1020. Kinner Mate und Kalver Mate möt ole Lü wetn.
1021. Kinner möt nich alle Möse smekken willn.
1022. Een Kind vun Plunnen krign.
1023. Bi 't Kinnerspill is 't Schreien dat Beste.
1024. Dat Kind schall wol'n sachtn Dod hebbn.
1025. Dat Kind rukkt na de Harbarge.
1026. De will lebn ahne Pin, de hö sik vör Steefkinner un Winterswin'.
1027. Een Kind, keen Kind, twee Kinner Speelkinner, bree Kinner vel Kinner.
1028. Dat kummt utr Kisten, inr Bilabn.
1029. De Kiwit will dat ganze Feld verdegn un kann sin egen Nest nich verdegn.
1030. Dat hett nich Klakk noch Smakk.
1031. Klapp un klar! —
1032. Dar schölt bi de Klätern na slan.
1033. In Klattn liggn.
1034. He mutt sine Gripsklauen allerwegn in hebbn.
1035. Klei mi, so kleie ik bi.
1036. Dat kummt mi nich an de koln Klere.
1037. He lurt up Kleweräskken.
1038. Bi Klikk un Klakk.
1039. Upr Klinken rukn.
1040. Upn Klitz haln.

1041. Alles an be grote Klokke hangn.
1042. He hett be Klokke wol lübn hört, awer he weet nich wor se hangt.
1043. Dat was Klokkenslag un Mölensteen.
1044. De Klokke is koppern, wenn man wät itt, so is 't Mahltid.
1045. Um Een herum klukkern.
1046. He süht ut asn aflikkt Klütje.
1047. Se klungelt tosamn.
1048. En dögde Knaggn.
1049. Dat Eene up be Knakn, bat Anber upn Stakn.
1050. Sine Knakn in Anbermanns Kiste leggn.
1051. Dat is keen Knakn, dar Fett up sitt.
1052. En ole Knast.
1053. Bet an 't Knee steit et free.
1054. So mannig Knecht, so mannig Weg.
1055. He is vuller Knepe.
1056. Dat sünt Knepe vun Jan Bunke.
1057. Ik hebb mit em ben Knop upn Bübel.
1058. Nich Knuff noch Knaff seggn.
1059. De Knuppel upn Kopp.
1060. Gott verdübbel min Tractement, sä de Kokk, bo wull he sik verflökn.
1061. He süht em so glik, as de Koh en Antvagel.
1062. He bütt keener Koh goden Dag, seet dar ok en Kerl up.
1063. He hett so vel Benül, asn ole Koh.
1064. Dar heet keen Koh Buntje, o'r se hett en Plakken.
1065. He scholl der Koh bat Kalf affragn.
1066. He seeg mi an, as de Koh de Knaknhauer.

1067. De de Koh hört, fat se bi 'n Steert.
1068. Et kummt bi de Grotte nich to, sus sunk de Koh wol en Hasn.
1069. De Koh mitn Kalve krign.
1070. Wor he de Koh bind, dar steit se.
1071. De de Koh slacht, geit de Melk quit.
1072. De Köh vör Ossen anspannt, mag sine Pere melkn.
1073. He is so vörsichtig, as Kosters Koh, de gunk dree Dage vör'n Regn inn Stall, un doch wur er de Steert natt.
1074. De gustibus non est disputandum: De eene Koh likkt der andern inn Eers.
1075. Dat klappt as Kohbrekk inn Büdel.
1076. Is man dot, so gelt de Kohschete so vel asn Rosnblatt.
1077. De Leevde fallt so licht upn Kohbrekk, as upn Rosnblatt.
1078. He is so vull Kumpelmentn, as de Koh vull Muskaten.
1079. He is so uprichtig asn Kohschwanz.
1080. He makt et as de Koh, de en Stappen vull Melk gift un mit de Föte webber um stött.
1081. He stürt darup, as de Koh upt unrechte Kalf.
1082. Dar ward keen Koh bleßd heten, of se hett wat Wittes vörn Kopp. (Vergl. 1064.)
1083. De Koh frett mit siv Münne.
1084. De pleiten will um en Koh, gev lever Eene to.
1085. Ehr nich vun de Koh, as dat Kalf der is.
1086. Gott gift uns wol en Koh, man nich glik bi de Hörns.
1087. Dat do ik so geern, as ik gleinige Köhle ete.
1088. De dar hett keene Koje, de hett ok keene Moje.

1089. Hei ji keen wissern Kohl, so getet man Bohnen in de Weeke.
1090. Itt Kohl, so sitt bi de Rock wol.
1091. Dat will den Kohl nich fett makn.
1092. Achter Moders Kohlpott sittn blibn.
1093. He meent, he steit al inn Kohl un steit eerst in be Strunkn.
1094. Wenn be Kohl will öwer be Tüne, So will dat Hau nich in be Schüne.
1095. Dar hört twee to'n Koop.
1096. Koop is Koop.
1097. Kooplübe, Looplübe.
1098. Bi 'n rechten Koopmann kamn.
1099. Bibbkoop, Dürkoop.
1100. De Inkoop, beit Verkoop.
1101. Do Kopen is upkamn, is 't Gebn afkamn.
1102. Koopmanns Got is Ebbe un Flot.
1103. Et is beter en Haste-(Kripp-)kopp asn Dudelbopp.
1104. De 't nich inn Koppe hett, be mutt et in be Föte hebbn.
1105. Et is beter den Kopp as be Föte küssn.
1106. Wor man sülfst nich kummt, dar ward Een de Kopp nich wusken.
1107. He hett en verslagn Kopp asn Ambolt.
1108. Utsehn asn Scherbellnkopp.
1109. Sin Kopp upsettn.
1110. He hett en verslagen Kopp, wenn he be Treppen herdahl fallt. (Vergl. 1107.)
1111. De up be Kopp steit ward bwillsk.
1112. Nich een Gotts Korn!

1113. Dat steit as arm Lü Korn.
1114. Dat ïsn anber Korn, sä be Müller, do beet he upn Musekötel.
1115. Na Kosters Kamp gan.
1116. He geitr ut as be Köster vun Bargebur.
1117. Hé beht asn Duvekötel in be Sünne.
1118. Een bi'n Kragn krign.
1119. He weet bar so vel vun, as be Kreih vunn Sünnbag.
1120. Een Kreih makt keen Sünnbag.
1121. Webberkamn beit ben Kramer Schaben.
1122. De Kranke liggt upt Bebbe, be Fege sitt barvör.
1123. En bulln Krauter.
1124. De Kribbken inn Kopp krign.
1125. Sik baröwer kribbeln.
1126. Et geit to Krimpe.
1127. Eenen labn in alln Krögn, bar keen Beer in is.
1128. Dar letn sik Krönken vun schriwn.
1129. He stunb bar as en apen Kroos.
1130. Kröpel of König.
1131. He tut vör Kröpels Kraft.
1132. Dat was miß, sä be Kröpel, as be Hunb em in sin holten Been beet.
1133. He süht ut asn Etikskruke.
1134. Krükelken inn Kinn, hett Schelmken inn Sinn.
1135. Krulln inn Stert kriegn.
1136. He hett to vel upn Krüsel gatn.
1137. Int Krütz un in be Quere lopn.
1138. De 't Krütz hett, segent sik to eerst.
1139. Junge Küken hebbt weke Snibbn.

1140. Dat isn Rumpflag, twolf Eier un bartein Kükens.
1141. Kukuk ropt sin egen Nam ut.
1142. Eene finnige Külde.
1143. De Kunst stiggt jummer höger,
Utn Köster ward 'n Kröger.
1144. He geitr um to as de Kuper um de Tünne.
1145. De Kusen fangt mi an to grummeln.
1146. Eene rechte ole Netelkutte.

L.

1147. He weet dat Laken to scheern, dat keene Wulle daran blifft.
1148. Dat ritt all to vel int Laken.
1149. Ik seh wol wo dat Laken scharn is.
1150. Lammert vun der Lied hollt den Kopp up eener Sit.
1151. De hett al lank bi de Lampe arbeid.
1152. Land blifft Land, Land lopt ton Siel nich ut.
1153. De lank hett, lett lank hangn.
1154. Et mutt der wesn, kummt utr Länge nich, mutt et utr Brede.
1155. Dat is so lank as 't breet is.
1156. Beter 'n Lapp, asn Gatt.
1157. En betn to late, is vel to late.
1158. He weet vör nich, dat he achter levt.
1159. De am längsten levt, schall't all hebbn.
1160. Dat geit Ledder um Ledder, brüst du mi, brü ik di wedder,
    oder: sleist bu mi, sla ik di wedder.

1161. Bun Annermanns Ledder is got Reemn sni'n.
1162. He is nett so fin, as wenn he bör be Ledder bübelt is.
1163. Man mutt nich alle Leeder utsingn.
1164. De Leevde hebbn will, mutt Leevde fahrn latn.
1165. Wenn Leevde kummt, mutt Leider gan.
1166. Mate Leevde, lange Leevde.
1167. Ole Leevde rustert nich.
1168. De wat Leeves hett, be geitr na; be wat Seres hett, be föhltr na.
1169. Dat is: „legg an, hal mehr!"
1170. Lehre wat, so weest bu wat; still wat, so hest bu wat, awer lat elk dat Sine.
1171. Een lens makn.
1172. He is 't so möbe, as wenn he 't mit Lepels getn hett.
1173. He süht ut asn Sakk vull holten Lepels un Sleven.
1174. De Lepel ward eerst lappt, ehr dermit eten ward.
1175. Eerst makt se den Lepel ful un dann freet se webber berut.
1176. So lank as Leverenz sin Kind.
1177. Een de Leviten lesn.
1178. Licht beran, licht bervan.
1179. De Liber beholt dat Land.
1180. De Liber öwerwinnt den Striber.
1181. Een wat upt Lif seggn.
1182. Beter wat int Lif as um't Lif.
1183. Lik soggt sik, recht find sik.
1184. Lik un recht hett Gott schapn.
1185. He is so lik ut vör sik weg.
1186. Like vel sünt twee halwe Grote.

1187. So söte as Likks.
1188. Eerst Likken un Slabben, dann Hauen un Krabben.
1189. Eenen be lange Line latn.
1190. Eene Line trekkn.
1191. De Lippen hangn latn.
1192. Seven Pund Lippenflesk hangt vör Mulen Döre.
1193. Lipps, tüh be Brugge up!
1194. He lett de Lippen hangn, asn Mähre öwert bot Fohl.
1195. Achter int Log wahnt of Lübe.
1196. Lägen un Drägen.
1197. He luggt as wennt brukkt is.
1198. He is vun be eerste Lögen nich bursten.
1199. Lögen hebbt korte Beene.
1200. Lokk ut, Lokk in speln.
1201. De licht lövt, ward licht bedragn.
1202. He bevt asn Espenlov.
1203. Darup to lopn wetn.
1204. Lop an de Maan.
1205. Se spinnt Lopelgarn un haspelt mit de Hakken.
1206. Alle Löpers sünt keene Köpers.
1207. Beter 'n quaden Loop asn quaden Koop.
1208. En krummen Lorenz makn.
1209. He hett 't Loth al in de Billn.
1210. Riker Lüde Krankheit un arm Lüde Pankoken rukkt life wit.
1211. Lange Lüde sünt so got asn Huslebber.
1212. Bi de Lüden is de Nahrung.
1213. Arm Lü Kinner stat achter be Döre.
1214. Naue Rath kummt vun arm Lüden.

1215. Prahl wi nich, so fünt wi arme Lübe.
1216. Et is keen Kinnerspill, wenn ole Lü up Stoffen rit.
1217. Wat is 't en Elend, wenn rike Lü keen Geld hebbt.
1218. Riker Lü Kinner warn gau old.
1219. Anner Lü Got, is anner Lü Sorge.
1220. De beste Stürlü sünt ant Land.
1221. Fremde Lü er Brod sött got.
1222. Gaue Lü lopt sik dot, leije Lü bragt sik dot.
1223. Lüder, Lüder Lumpensteert,
    Is keen bree Swaren werth.
1224. Lüg, dat bu barsteft!
1225. Luffe, belegg mi dat.
1226. Luffe, se belurt di.
1227. Hau in, Lufts, 't is Schapbotter.
1228. Hest bu Lünfen to kope? —
1229. He is so wis as de Lünink up de Achterböre.
1230. Koff vun Kitau, sleit de Lüse upr Kelln twei.
1231. He geit en Strek in de Richte, as de Lus öwer de Ersfarn.
1232. He hett se to Grepe as de Pracher de Lus.
1233. De hungrige Lus bitt scharp.
1234. Lebn as de Lus inn Schorve.
1235. Dar kann keen Lus up heftn.
1236. Lüse inn Pelz settn.
1237. Lüse inr Piffbaljen söfn.
1238. Man mutt Nüms Lüse inn Pelz settn, se kamt wol vun sülfst derin.
1239. Bit bi de Slaplüse al? —
1240. He is so tru asn Lus.

1241. Beter en Lus iun Kohl, as ganz keen Fleſk.
1242. Du kannſt mi keen Lus afſtarven latn.
1243. Ga hen un luſe di in de Legte, dann heſt du keen Noth, dat up de Höchde di de Lü ſeht.
1244. He is ſo krobbe asn Swinslus, de babn in de Borſſels ſitt.
1245. He is curiös asn Swinslus, de ſtekkt ben Eers int End.
1246. Mit Lüſten weſn.
1247. De der lüſtert, hett keen got Gewetn.
1248. Dat kann Jan Lüitje wol.
1249. Lüttjet un wol, is beter as wit un holl.
1250. All umt Lüttje.
1251. De 't Lüttje nich ehrt, is 't Grote nich wehrt.

M.

1252. All got mit, ſä de Maid, do kreg ſe en Snider.
1253. Dar liggt't, ſä de Maid, as ſe den Bri inn Dreck ſmet.
1254. Dar brött en Abndregen vun, harr de Maid ſeggt, harr nich na Melken wullt.
1255. Dat is Junkheit, dat verwaſt weer, ſä de Maid.
1256. Ewigkeit isn lange Tid, man Mai kummt min Lebn nich, harr de Maid ſeggt, do ſe um Mai troen ſchull.
1257. De nich kummt, de nich mahnt.
1258. Da 's lange inr Make weſn.
1259. Da 's jo en bull Makwark.

1260. Ik meen, ik fatt'r hab'n up un ligge bi der Mähren dal.
1261. Een Mäken bör knullen.
1262. De Maan geit al to Beere, ober: to Kehre.
1263. Mandags Anfang, bürt nich Weken lang.
1264. Een enkelt Mal kann man mitn Börgemester eten, ober: tegen den B. tehren.
1265. En Mann vun grot Bedrif.
1266. De ole Mann ward al dummerhaftig.
1267. En Mann vun Fassun.
1268. En vull Mann, en bull Mann.
1269. Up den olen Mann denkn.
1270. Sülfst is de Mann.
1271. Dat Kleed ziert den Mann, well 't hett. be trefft 't an.
1272. Dat is de Mann, de 't Land verhürt! —
1273. De Eene hett de Mann un de Andere hett de Will dervan.
1274. Allerhand Männkes makn.
1275. Fine Margreete.
1276. Drei di Margreet, dat Kind will süsen.
1277. Dar ga w' hen mit Mester Marks! —
1278. He is vun alle Marken webber kamn.
1279. Dat Mark lehrt kramn.
1280. Wenn de März spaket un de Mai nattet, so gift et en got Jahr.
1281. Märzen Spak, gift Roggen in den Sakk.
1282. Drögen März, natte April un kole Mai, füllt Schür un Keller un gift got Hau.
1283. Evenmate wat! —

1284. To Mate kamn. — To Passe kamn.
1285. Alle Ding mit Matn schall man bon un latn.
1286. All mit Maten, sä de Snider, do slog he sin Fru mitn Ellstock dör.
1287. All mit Maten, sä de Bur, un sop een Mat mit Brannwin ut.
1288. Dar steit Matsfotts! Matsfüsel, Matspump. —
1289. Bunr Matten up Stroh kamn.
1290. He löppt mit Meiners.
1291. Meen ik, isn Bedreger.
1292. Menen liggt in Flandern.
1293. He hett wat in de Melk to brokken.
1294. Melk afflötn.
1295. Söte Melk und Mak, de fott.
1296. Wat in de Melk to krömn hebbn.
1297. Melk un Mak. — Watdik un Wehdage.
1298. Melk up Win, dat is Benin, Win up Melk, dat is vör elk.
1299. He is so fin, asn Menniften Bostlappn.
1300. Vör alle Gefahr, sä de Mennist, do bunn he sin Hund an, de al dree Dage bot was.
1301. Dat Mest snitt asn Flet.
1302. Et is beter tweemal metn, as een Mal vergetn.
1303. Een de Metten lang makn.
1304. Mitr Mettwurst na 'n Schinken smitn.
1305. Snakken asn Mettwurst, de an beiden Enden apen is.
1306. He gift et up, as Mewes de Bicht.
1307. De Mile hebbt se mitn Hund metn un de Steert togebn.

1308. Eene Mile up fīv Barndeel gan.
1309. He bart sik, asn bull Minsk.
1310. En bun Minsk mutt man mitn Fober Hau utn Wege fahrn.
1311. En verfreten Minsk.
1312. Een Minsk geit een Gank.
1313. In den Minsken is keen Knikk noch Schikk.
1314. De Minsk kennt man ann Gank un be Vagel ann Gesank.
1315. Mist hett de Ost in de Kist.
1316. Hett be Mober een Knokken Flaß, se gift be Dochter een Kissen af.
1317. Dat geit Mober un Geske an.
1318. De eerst en Stefmober hett, kriggt ok boll en Stefvader.
1319. De be Mober to Frünne hett, geit mit be Dochter sleitn.
1320. Gott Loff un Dank! — Min Mo'r is krank, Nu krig wi en lüttje Puppe.
1321. Elk sin Möge.
1322. Dat is noch inr Möl.
1323. Dar is wat inr Möl.
1324. He hett en Slag vunr Windmöl.
1325. Dat is Water up sin Möl.
1326. Dat bi be Morb sla! —
1327. Mörgen is be Nacht hen! —
1328. De Mörgens wat spart, be Abnds wat hett.
1329. Düstere Mörgens gevt moje Dage.
1330. De alle Möse smekkn will, warb sakn bebragn.

1331. Möten is Dwang.
1332. De weet vun de Mubber, de hett al in be Göte legn.
1333. Müggen hebbt de of Rüggen? —
1334. De mitn Mule flötet, mutt mitn Eerse bottern.
1335. He hett 'n Mul vörn Koppe asn Scheermest.
1336. Dat Mul geit em asn Spolrad.
1337. He is so blind asn Mull.
1338. De Mund in de Fissen tehn.
1339. Et flüggt em utn Munne, as schimmelt Brod.
1340. Uppen vulen Mund, hört en graven Slag.
1341. Mund, wat seggst du, Hart, wat denkst du.
1342. De den Roland sehn will, mutt den Mund vull Knakn hebbn.
1343. Brikk mi de Mund nich up, of 't kummtr dum= bikke herut.
1344. De Mund is ehr vuller, as dat Oge.
1345. De Mund isn Schalk; wenn man em wat vörholt, so jant he up.
1346. Beter, heet gepust, as de Mund verbrant.
1347. He hett't inn Mund, asn Katekerken inn Steert.
1348. He hett altid de Mund babn 't Water.
1349. En brav Munje hebbn.
1350. Mursdot. — Murstwei. — Mursave.
1351. He hett 't int Murt broggt.
1352. He kikkt ut de Prüke herut, as de Mus ut de Hedn.
1353. He hett et so hilde, as de Mus in de söß Wekn.
1354. De Müse willt em inn Schappe versmagten.
1355. Wenn de Mus satt is, so is 't Mehl bitter.
1256. Lüttje Müse hebbt ok Ohren.

1357. Lüttje Müse un grote Rotten etet life geern dat Speck.
1358. So flügge asn Spikermus.
1359. Müsenester inn Koppe hebbn.
1360. He süht ut, asn Pott vull Müse.
1361. Dar fallt keen Mus unbern Fohr Hau bot.
1362. Dat is Mus as Mo'r, Steerten un Ohren hebbt se all.
1363. He süht ut, as use leeven Herrn sin Musefanger.
1364. He kikkt so nüwer ut, as de Mus in de Mehltin.
1365. He isr bi to, as Mustert bi de Mahltid.
1366. Dat hagt mi in de Mutzen! —
1367. Dar is keen smiten mit de Mütz na.
1368. He is under keen Mütze to fangn.

N.

1369. Gerüstige Nacht! — Slapt gerüst! —
1370. Nährigkeit bedrüggt be Wisheit.
1371. De sik will ehrlich ernähren, mutt vel slikken un wenig vertehren.
1372. Man kann nich länger Fre holn, as de Naber will.
1373. Alto fram, is Nabers Spott.
1374. Een gode Naber is beter, asn verre Fründ.
1375. Elk free sin Nabers Kind, denn weet he wat he find.
1376. Upper Naht puln.
1377. De Nagel upn Kopp drepn.
1378. En hogn Nagel hebbn.
1379. Dat is so gesund asn Hand vull Schohnagels.

1380. Een Narr kann mehr fragn as fiv Wise antwordn könnt.
1381. Dar is keen Narr so kön
He briggt geel o'r grön.
1382. Een Narr makt tein Narren.
1383. Alto got is Andermanns Narr.
1384. Bi 'n Drunk kennt man den Narr.
1385. Dar is keen Narr of he makt sik darto.
1386. De Näse begetn.
1387. Man mutt sik nix verhetn, as sin egn Näse afbitn.
1388. De Näse hangn latn.
1389. Een Näsen ansettn.
1390. Een trakteren mitr Näse uppn Disk.
1391. En lange Näse krign.
1392. Eerst en Näse, un denn en Brill.
1393. De sin Näse afschnitt, schänd sin Angesicht.
1394. Spitze Näse un spitzet Kinn, dar sitt de lebendige Döwel in.
1395. Näsewis is keen brägenwis.
1396. Wahr din Näse!
1397. Elk krige sik sülfs bi de Näse.
1398. He hettn moje Näse, dree ton Karat.
1399. Ik sitte, as wenn ik up Natels seet.
1400. Mitr heten Natel neihen.
1401. He sind en lebbig Nest, de Jungen sünt al utflagn.
1402. De dat röhrt, de röhrt en vul Nest.
1403. He geit mit Nebukadnezar in de Güstweide.
1404. Achtert Nett fisken.
1405. Dar is altib wat Nies, man selten vel Dägs.

1406. En ole Niff=Niff.
1407. De dar nikkoppet, de gevt nix.
1408. Dree grote Bohnen sünt so got asn Schnute vull bröge Brod, seggt de Nörders.
1409. Harr ji wat ehr kamn, dann harr ji wat mit eten kunnt, seggt de Nörders.
1410. Et kummt em upn Hand vull Noten nich an.
1411. Mit nauer Noth.
1412. Noth isn bitter Krut.
1413. Wenn öwerwunnen is de Noth; dann kummt de Dod.
1414. Man sitt hier as inn Nothstall.
1415. Ga na Nöttens un lehre dat Gösewahrn.
1416. Dar is Nüms so stark, he finb sin Mann.

O.

1417. Ik will di slan, du schast Ölje mign.
1418. Up sine siv Ogen stan.
1419. Dat klappt, as de Fust upt Oge.
1420. Wenn de Smete is utr Hand, so is he na'n Geeloge hen to.
1421. Dat is na'n Geeloge.
1422. Een dat Witte int Oge nich gunnen.
1423. He kann de Hot ut de Ogen settn.
1424. Sin Ogen verklarn.
1425. Een de Ogen verklistern.
1426. Dat Migwater steit em jummer in de Ogen.
1427. Nix is got int Oge, man quab in de Buk.

1428. De Ogen inr Hand nehmn.
1429. He hett de Ogen inr Taſke hatt.
1430. En got Oge up Een hebbn.
1431. Een Oge to don.
1432. Een Oge dran wagn.
1433. Nich ſo vel as man int Oge li'n kann.
1434. Grote Ogen makn.
1435. Een wat upt Oge drüffn.
1536. Een de Ogen inn Koppe nich gunnen.
1437. Wat dat Oge nich ſüht, dat quält dat Harte nich.
1438. En Oge int Seil hebbn.
1439. Ogenſchin is aller Tügen beſte.
1440. Een Sand in de Ogen ſtreun.
1441. De Ogen, dat Mul, de Rachen upſparrn.
1442. De de Ogen nich apen deit, mutt de Bül apen don.
1443. Een Oge arbeid mehr as tein Hänne.
1444. He hett ſo vel Ogen as Arslöffer.
1445. Eerſt Ohm, denn Ohms Kind.
1446. He is noch nich dröge achter de Ohren.
1447. Mit Fiſkohren tohörn.
1448. He nich to ful, gaf em en Ohrfige.
1449. Sik achter de Ohren kleien.
1450. He is dört Ohr brennt.
1451. Vel um de Ohren hebbn.
1452. He hett ſe dumdikke achter de Ohren.
1453. Boll Okke babn, boll Blokke babn.
1454. De Olen kann man wol entlopn, awer nich entradn.
1455. As de Olen ſungn, -
    So pipen de Jungn.

1456. De Olen sünt got to beholn.
1457. Dat Oler schadet der Dorheit nich.
1458. Hans Olewise.
1459. De Ole is noch rask un kask.
1460. Dat Oler geit vöran, wennt ok na'n Galgen geit.
1461. Se gat jummer tosamn, asn Paar jökebe Ossen.
1462. He süht ut asn Osse, de den Slachter entlopn is.
1463. Et is de Osse en Wille, wenn he bi 'r Koh inn Stalle steit.
1464. De 't Glück will, de kalvt de Oß.
1465. De swarte Oß hett er al uppen Fot tredn.
1466. Ost, West, to Hus best.

P.

1467. Dar hebb ik en P vör schrewen.
1468. Sin fram Pad gan.
1469. Uppe Föte gan asn Pagelun.
1470. Du kannst bi ann vulen Pahl nich schon kriwen.
1471. Platt asn Pannkok.
1472. Glück to! ik schall jo panden.
1473. Mit lebbiger Panzen, is quad danzen.
1474. Papen Girigkeit un Gotts Barmhartigkeit wahrt vun nu an bet in Ewigkeit.
1475. De Pape seggt et nich mehr as eenmal.
1476. Min Vader is keen Pape west.
1477. Dat sünt nahre Tiden, sä de Pape, de Bur makt sin Kinner sülfs.

1478. Dat gift Rümte um de Heerd, sä de Papenbörger tegen sin Wiv, do weern em seben Kinner in de Pocken stürven.
1479. Eerst de Parre, denn de Quarre.
1480. Half Part holn.
1481. Dat kummt dar nich bi to Passe.
1482. Dat is de Paster sin Gört all.
1483. Darvör is so got as derin, sä de Pater.
1484. Dar is weer en Schilling na de Blixen, sä de Pater, do full em de Brill vun de Kanzel.
1485. He hett en Kopp asn Pater.
1486. He geitr up los, as Paulus up de Korinther.
1487. Een utfragn bet uppen Peddik.
1488. Pentje Sunndags. — Pentje upr Reihnatel.
1489. Ik wull, dat du weerst, wo de Peper wast.
1490. Dat löppt unner dör, as de Röttenkötel unner de Peper.
1491. Ehr en blind Perd sin Oge likket.
1492. Een midn asn sland Perd.
1493. Bunt Perd uppen Esel kamn.
1494. Dat Perd, dat vör de Drekkkare geit, kummt nich vörn Wagen.
1495. Witte Pere kostet vel to streun.
1496. Mit stätske Pere is quad plögn.
1497. Dar vertrett sik wol en Perd up veer Föte.
1498. Dat klingt asn Perkötel in de Kaputzmütze, oder: asn Dott Hede.
1499. De Pere, de den Haver verbeent, krigt em nich.
1500. En hürd Perd unn lehnde Swepe rid scharp.

1501. He! wat sitt de Bur upt Perd, as de Moder Gotts uppen Esel.
1502. He sitt upt Perd un soggt darna.
1503. Pikkebrat hiß! — Meister Pikkebrat.
1504. En Pik up Jemand hebbn.
1505. Fleiten sünt holle Pipen.
1506. Vun Pipen upr Lippen kummt Frünbschupp unner de Slippen.
1507. De inn Reite sitt, hett got Pipen snidn.
1508. De Pipp weg hebbn.
1509. Dat kann nich missen, de vel drinkt, de mutt vel pissen.
1510. Pissen geit vör danzen.
1511. Dar schull man sik öwer bepissen.
1512. Dat is wit de Planke miß.
1513. Vunr Platten inr Matten kamn.
1514. He weet et uppen Plikk.
1515. He droppt et uppen Plikk.
1516. Plikkschulden un Stoffregen bringt dör.
1517. Darum schall de Plog noch nich uppen Hill kamn.
1518. Eene Sake in de besten Plojen leggn.
1519. He mag Pluggen snidn.
1520. Plukk vor allen Läkern. (Bremen.)
Hennk vör allen Höge. (Lübeck.)
Henneke vör allen Hölen. (Hamburg.)
Antk vör alle Höle. (Mecklenburg.)
Hähnke vör alle Döre. (Osnabrück.)
1521. Wat man inplukket, mutt man uteten.
1522. Midden mank, as Swinkötel manken de Plummen.

1523. Dat geit so nich, Plummen eten un keen Geld gebn.
1524. De Plünnen tosamn smitn.
1525. Sik strüwen as be Pogge in Maanschin.
1526. So kolb asn Pogge.
1527. Man mag de Pogge immer drägn, so hüppt like wol inn Pohl.
1528. De Pokk is de tweede Schepper.
1529. He schall sin Poten wol deraf latn.
1530. Sik up de Achterpoten settn.
1531. De Hungerpoten sugn.
1532. Lüttje Potte hebbt ok Ohren.
1533. Dar is keen Pott so scheef, dar passet en Stulpen up.
1534. Et kummt nich all to Potte,
Wat kummt utn Doppe.
1535. Tobraken Potte gift et allerwegn.
1536. He kakt up asn Welljepott.
1537. De Pott verwitt den Ketel, dat he swart is.
1538. Elk schrabbe sin egen Pott.
1539. He löppt mitn Limpott.
1540. Je schlimmer Pracher, je dikker Lus.
1541. Een Pracher kann den andern nich gunnen, dat he vör de Döre steit.
1542. Dat is hier upr Pracherharbarge.
1543. De Prahler hett keen Brod un de Klager litt geern Noth.
1544. He süht ut, as de Proppn up de Surpülle.
1545. Alles in de Welt, man keen Steertprüfe.
1546. He is so klok, as Frerk Prull, de hett Snött in de Dünnegge sittn.

1547. En Prunker upr Straten, en Pracher inr Kathen.
1548. De Pukkel jökt em.
1549. He hett em Een topult.
1550. It kann 't jo nich klar pusten.
1551. He hett jümmer wat to püsterflikken.
1552. De will pusten un holln 't Mehl inn Mund.
1553. Alle Pütten un Pöhle de Ogen uttrebn.
1554. Wenn alle Pütten un Pöhle vull sünt, dann kummt de Fröst.
1555. Putzn sünt Lichtscheern.

Q.

1556. Al to hastig is quab.
1557. Sik verquakkeln.
1558. So geel asn Qualster.
1559. En dulle Quast. — En fine Quast.
1560. In de Quere kamn.
1561. Lange Quinen is de wisse Dod.
1562. He hett sik dörn Quinkslagg dervun los makt.
1563. Dat di de Quinte nich brikkt!
1564. Quit of ins so swid.

R.

1565. Dat lüttje Rad geit vör inn Wagn.
1566. Uppen Unrahm kamn.
1567. Dat kummt uppen Rakedewes an.

1568. He is licht rakt.
1569. Dat di de Rakker hale!
1570. En ole Nand.
1571. Räteln un täteln. — Räteltaske.
1572. Unrath markn.
1573. Nehmt uns de Rau nich mit weg.
1574. He stillt asn Rawe.
1575. He weet sin Rebbes wol to makn.
1576. Dat Recht scheidet wol, awerst frunbet nich.
1577. Wenn ik min Recht man eerst upr Gaffel hebbe.
1578. Et regent, as wenn 't mit Schüppen gutt.
1579. En unbeschuffden Rekel.
1580. Korte Reknung, lange Frünbschupp.
1581. Achterna kamt de Rekens.
1582. En langn Rekks.
1583. Alles is in Repp un Ror.
1584. Man kann sik nich reppn noch rögn.
1585. Se is so slapp, asn Ribbelappn.
1586. Dat steit bi de Ribbn.
1587. Arme Ribber un fette Grewen kann man wol bakken in Smollt.
1588. He is so mager asn Rifft.
1589. De sin Riker wat gift un sin Wiser wat lehrt, de is in de Sottheit verkehrt.
1590. Fröh rip, fröh rött.
1591. Wor wat is, dar riset wat.
1592. De Junge isn rechte Ritensplit.
1593. Dat geit ritsch, ratsch! —
1594. Ik hebb en bögden Ritt mit em hatt.

1595. He kann sik nich rögn noch bögn.
1596. Et is em like vel, wat be Rogge gelb.
1597. De Rohm isr af.
1598. De röhmt wesn will, mutt starven, be besnakkt wesn will mutt fri'n.
1599. Heft bu keen Rök, So bliv utr Kök.
1600. Wor Rok is, bar is ok Für.
1601. De Rörje sla mi! — Dat bi be Rörje!
1602. En Röhrum.
1603. Slau asn Rotte. — Kahl asn Rotte.
1604. En schläprige Rotte.
1605. He bind sik en Roth to sin egen Steert.
1606. He kehrt sik an keen Röwen, ehr se gar sünt.
1607. De got sitt, wahr sin Rügge.
1608. Dat bind, sä Runde, bo sebbe he vörn fivtehalv (= 2½ Sgr.) Latin in be Supplik.
1609. En ole Runnkunkel.
1610. Dar ruk an! —
1611. De wol sitt, lat sin Rukken. (Vergl. Nr. 1607.)
1612. Rusje mit nander krign.
1613. Sik en Rusk tügn.

S.

1614. De sachte geit kummt ok mit foort.
1615. Sachte gan kummt vun sülfst.
1616. He lett 't sachte to gan.
1617. Fast inn Sabel sittn.

1618. He sabelt fröh un ritt late.
1619. Int Sad schetn.
1620. En Sake upflegn latn.
1621. En Sake in de besten Folen leggn.
1622. Mit Sakk un Pakk.
1623. Dar ward mennig Sakk tobunnen, de nich vull is.
1624. He hett em inn Sakke.
1625. Wenn Cen 't Varkn ba'n ward, mutt de Sakk apen stan.
1626. Wat de Pracher batt, dat stakk he in sin Sakk.
1627. Sakk in speln.
1628. Inn lebbern Küpsakk verwahrn.
1629. Sakkerlot! —
1630. Sakk un Seel is got bi'n Mann.
1631. Elk mutt sin egen Sakk nar Möl drägn.
1632. He is so slank asn Sakk mit Wuttels.
1633. Dar is keen Salbe mehr an to strikn.
1634. Dat geit 't Sandpatt up.
1635. Sünner Sang un Klang.
1636. Dat Schap hett en golden Fot.
1637. De Wulf fritt ok wol en tellt Schap.
1638. Is datt Hekk vunn Damm, de Schape gat dervan.
1639. Nu schall dat Schapscheern angan.
1640. Utsehn asn Schap.
1641. He weet sin Schäpkes wol to scheern.
1642. He hett sin Schäpkes int Dröge.
1643. Dat hangt tohope as Schapkötels.
1644. Unner en ganze Heerde is licht een schorfd Schap.
1645. Een schorfd Schap stikkt de ganze Heerde an.

1646. Dar gat vel makke Schapen in een Stall un wilde noch mehr.
1647. De Schaden beit, mutt Schaden betern.
1648. Et schall sik wol schakn.
1649. He schämt sik nich un grämt sik nich.
1650. He is allerwegn mitr Knippscheere achter her.
1651. He hett de grote Scheere uthangn.
1652. Prahln asn Scheernsliper.
1653. En breeharign Schelm.
1654. En Schelm inn Nakken hebbn.
1655. Wenn sik Schelme un Deeve schellt, so kriggt en ehrlik Mann sin Got webber.
1656. Je slimmer Schelm, je beter Glükk.
1657. Dat is slimmer, as Schelm kumm herut.
1658. En blaue Schene lopn.
1659. Bi Schepels ut, bi Lepels in metn.
1660. Se makt et, as de Scheperwiver.
1661. He seggt noch Scheet, noch Dröt.
1662. Dat is mitn Scheet besegelt.
1663. Ik bün nich recht up min Schikk.
1664. De Schikker wahnt ann Wege.
1665. Et is beter, watr schint, as watr quint.
1666. En sulen Schinkn inn Solte hebbn.
1667. Dat Schipp is mit Mann un Mus blebn.
1668. Dar kummt keen beter Schipp an de Wall asr affahrt.
1669. Dör de Kehl kann vel, sä de Schipper, do harr he sin Dreemastschipp versapn.
1670. Geitr ok een Schipp vun de Wall, der kummt en Anner weer binnen.

1671. Gott Loff hier — harr de Schipper seggt, as he webber midden up See was.
1672. He hett en Swab asn Orloggschipp.
1673. Keen beter Schipp, asn holten un dat upt Water.
1674. Et is Schiteri, wenn 'n mit Dreff handelt.
1675. Ik flog mi reis tegen seben, sä Rolf Schmidt, man der weer Nüms, de mehr Släge kreeg as ik.
1676. In faste Schoh gan.
1677. Een wat in de Schoh getn.
1678. Dar hört mehr to'n Danz, asn Paar Schoh.
1679. De de Schoh paßt, de trefft se an.
1680. Elk weet am besten, wor em de Schoh brükkt.
1681. Darvun will de Schornsteen nich rokn.
1682. Prahln as de Schohster mit een Leest.
1683. He rekkt et ut, as de Schohster dat Ledder.
1684. Junk up be Schoot un old upt Hart.
1685. Nich schöttelt warrn.
1686. In Andermanns Schöttel is 't altid fetter.
1687. Een utn Schove tehn.
1688. Een wat toschranzen.
1689. Öwer de Schreve gan.
1690. Schrift be klifft.
1691. He löppt up Schubberdebunk.
1692. Vör en ungewisse Schuld mutt man Haverkaff annehmn.
1693. De sin Schuld betahlt, vermehrt sin Got.
1694. Böse Schüldners sitt't er Wiven unnern Rokk.
1695. Wenn he wat utsetn hett, denn geit he schuln.
1696. De vun Schullen drömt, itt geern Butte.

1697. He is so falsch, as Schum uppen Water.
1698. Dat bulle Schur hebbn.
1699. He is bi Schurn nich klok.
1700. Dat Schur hangt em lange babn Kopp.
1701. He is vört Schur na Hus kamn.
1702. Dar lett sik keen Moderseel sehn.
1703. He is Moderseel alleen.
1704. Altib inr Selen gan.
1705. Et isn Seele!
1706. He hett et binnen, as de Sege dat Fett.
1707. De sik to grön makt, ben frect be Segen.
1708. Seggen is got, man von isn Dink.
1709. De nich sehn will, be helpt noch Kers noch Brill.
1710. Alle Seils bi settn.
1711. De wol sei't, be wol mei't; wol smert, wol fährt.
1712. De fröh sei't, be fröh mei't.
1713. En langen Semp makn.
1714. Sin Semp mit barto gebn.
1715. Half seben wesn.
1716. Een bör be Seve falln latn.
1717. Der könt vel toglik singn, man nich sprekn.
1718. Mit een finkn und fletn, lebn un starbn.
1719. Et sinnig togan latn.
1720. Jumfer Sipp. — Brut vun Sippkelc.
1721. He isr öwer as Sirupp öwer de Görte.
1722. Een be weeke Sit gebn.
1723. Achter un vör beslan wesn.
1724. Et is nich slimm beslan.
1725. Der rug un roh inslan.

1726. He weet den Slagg um be Boller to flan.
1727. Ik kann nich in Slagg kamn.
1728. Ja, dat is dat rechte Slagg.
1729. Sin Umflagg is nich grot.
1730. De Webberflagg is nich verbabn.
1731. Dat isn Slumpflagg.
1732. De eerste Slagg isn Daler werth.
1733. Ik will mi darup beflapn.
1734. Slap sund! — Slap wol! —
1735. Du büst Slauken er Sön.
1736. He wikkt vunn Slenderjan nich af.
1737. He weetr de rechtn Sleke af.
1738. Man ward nich ehr wis un wetn
    Ehr man is half versletn.
1739. Se hett sik vun em beslikn latn.
1740. Et schull en Sliker wesn un 't wurr en Piper.
1741. Slip ut! Slip ut!
1742. He slippt nich dröge.
1743. De der slöppt, de bitt Nüms.
1744. De lange slöppt, de Gott ernährt; de fröh upsteit, de
    vel vertehrt.
1745. De eerst up be Slotkante steit, be stöt se gau herin.
1746. He slukkt as wenn he hangn schall.
1747. Sluk mi nich in.
1748. He will Alles alleen beslukn.
1749. Beter en Slur an be Wand as nir beran.
1750. Vergetn is be Smart
    Un lüstig is min Hart.
1751. Dat geit mi smart af.

1752. Achtern Smakk kamn.
1753. Wolsmakk brengt Ungemakk.
1754. Eetn asn Smid.
1755. Se is so smerig, wenn man se an de Wand smeet, se schullr ansittn blibn.
1756. En Smu makn.
1757. En langn Babbersnakk holn.
1758. Snakke = wat.
1759. Snakken is gotkop.
1760. Lat bi nix ansnakkn.
1761. Bun Snakk kummt Snakk.
1762. Se hett vun Dage er Snakkeltüg nich bi sik.
1763. Snapp, un he harr et weg!
1764. De Snater stett em nich een Ogenblikk.
1765. Se weet vun nix as vun Snau'n un Bitn.
1766. Wenn de Sneeflokkn flegt.
1767. Utsehn asn Snepel, de verschebn will.
1768. Lat en Snider ritn.
1769. Frern asn Snider.
1770. Bi Gebrekk vun Volk, warb de Snider Karkvogt.
1771. Dat lügst bu asn Snider.
1772. De wat kann, de kummt wat, harr de Snider seggt, harr en Paar Strümpe to ver= sahlen kregn, ober: do kreeg he en Weste to flikkn.
1773. Enkelt Holt briggt swar, sä de Snider, do stön he sik uppen Ellstoff.
1774. Grillen sä de Snider, do beet he inn Dikk.
1775. He geitr ut as de Snider utn Slot.

1776. He hett keen Snött inn Kopp.
1777. Utgan to snurren.
1778. Slapp! flog if em an de Snute.
1779. Uppen fule Snute, hörten fuln Slagg.
1780. Öwer de Snute haun.
1781. Et snufftr bör, dat et hult un brummt.
1782. He stellt sik an, as wenn he vunr bullen Söge fretn hett.
1783. As be Söge int Jödenhus kamn.
1784. De Hunger drifft et henin, sä de Soldat, as he Speck upt Botterbrod leggde.
1785. Junk Soldat, old Bedler.
1786. Se verdrägt sik as Solt un seere Ogen.
1787. Solt un Sur verdarft Natur.
1788. Dar hört vel ton Soltfatt.
1789. De kann nich verdarven, al sitt he of bet an de Ohren int Solt.
1790. De en Söpke brinkt, et is nett so got, as of he in de Büxe pißt: eerst is 't warm un hernast is 't kold.
1791. He sitt in de Soppe bet öwer de Ohren.
1792. Een in de Soppe sittn latn.
1793. Upr Sorgsale sittn.
1794. He is so ful as Eiersot.
1795. So bitter as Sot.
1796. Et isn slechte Sot, dar man dat Water in brägn mutt.
1797. Spare wat, so heft du wat.
1798. Wat man spart, is so got as verdeent.
1799. De wat spart, de wat hett.

1800. Dar tegen anſparteln.
1801. Dat Spekk will vunr Swaren nich.
1802. Dar kamt Spekketers Kinner nich an.
1803. Dar ſpelt ſik ehr Tein arm, as een Nik.
1804. Dat weer Een vun Duſend, ſä de Spellmaker, Junge hal mi en Kros Beer.
1805. He kann wol en Spiker up twee Ennen bitn.
1806. Vörſehn is 't Beſte bi 't Spill.
1807. Dar hei wi dat Spill gan.
1808. Slecht un dünn beſpunnen weſn.
1809. Dat kann ik nich ſpitz krign.
1810. Spökn gan.
1811. He kummt herum asn Spolrad.
1812. Spotters Hus brennt am Eerſten.
1813. De wider ſpringn will, as ſin Stokk rekkt, fallt inn Slot.
1814. Nich got Spröks weſn.
1815. De Eene ſprekkt dervan,
Un be Anner beit deran.
1816. Mager asn Sprikke.
1817. Steen und Been flökn — ſwern.
1818. Twee harde Steen malt ſelbn kleen.
1819. De Stratenſteene telln.
1820. Swemmen asn Mölenſteen.
1821. Een Steen kann keen Mehl maln.
1822. He kann ſwemmen asn Bakkſteen.
1823. Anner Lü ſünt ok Lü, ſä Klas Steffens, do lev he noch.
1824. Sik got ſtan.
1825. Sik got mit Een ſtan.

1826. Ik will di Een gebn, dat schall: „Sta" seggn.
1827. Sta = inn = Wege.
1828. Stank vör Dank.
1829. Man weet nich wor he stovn noch flogn is.
1830. De nich will bestovn wesn, bliv utr Möle.
1831. To Steh un Stohle brengn.
1832. De Steh kummt nich ton Minsk, sunnern de Minsk mutt to de Steh kamn.
1833. De upsteit, de sin Steh vergeit.
1834. Ik will leewer Steene bitn as etn.
1835. He hett en Steck up.
1836. He hett en Stemme, asn Basune.
1837. Dat sünt en paar dögde Stennsels.
1838. De Steert hoch holn.
1839. He is uprichtig asn Kohsteert.
1840. Bold hett noch keen Steert.
1841. He hett de Krull in de Steert.
1842. Dar hei 't, sä Domine Stiermann, wenn he 't ut harr.
1843. Dar will ik di en Stikken bi stekn.
1844. Stint, Stint, Stintfisk, stinkst al, wenn bu lebenbig büst.
1845. Een wat uppen Stokk don.
1846. Elk wat vun de Stokkfisk.
1847. He is so lik asn Krummstokk.
1848. Ik will di een Drütjen = Stohl settn.
1849. Een en weekn Stohl settn.
1850. Een ben Stohl vör be Döre settn.
1851. Twusken twee Stohlen balsittn.
1852. De Stohl brennt mi unnern Eers.

1853. Stöt-int-Horn.
1854. Stöterbuff.
1855. Et isn korte Strate, bart wol smeckt.
1856. Sik to Streve settn.
1857. En Stripen inn Rock hebbn.
1858. So dumm asn Bund Stroh.
1859. Dat Stroh schonen un bi Flaß bakkn.
1860. Strom dal un vörn Wind is got seiln.
1861. Strom up is quab swemmen.
1862. Beter en Strunk in be Kohl, as gar keen Wurst.
1863. Een wat stuv af seggn.
1864. He is ganz vunt Stüff.
1865. Up sin Stüff stan.
1866. Je slimmer Stüff, je groter Glüff.
1867. Ower Stür gan.
1868. Dat 's man so en Upstür.
1869. Uppen Stump kamn.
1870. Et isn kortn Summer, wenn man in de Hand pust.
1871. Een uppr Sund liggn.
1872. He kann nich libn, dat de Sunne int Water schint.
1873. De Sunne nich ehr schinen latn, as bet et Tib is.
1874. Suput. — Supswin. — Supvarkn.
1875. Nich en Sür — Sir — Spir.
1876. Suß un so.
1877. Swart up witt hebbn.
1878. Dat swemtr na.
1879. Sin egen Sweet nich rukn mögn.
1880. He will wol arbei'n, man he mag sin egen Sweet nich rukn.

1881. Sette geit vör Swette.
1882. Dat is to swid.
1883. Et geit em as de Faselswine, be eet nich satt un hungert nich bot.
1884. Swinsfeddern stuvt nich.
1885. Well hett mit di be Swine hott?
1886. Et isn sunderlik Swin wor de Kraihe up fallt.
1887. Vele Swine makt dünnen Drank.
1888. Dat is babn betünet un unner krupt de Swine bör.
1889. Dar kummt Wind, de Swine drägt mit Strohspirn.
1890. Dar kamt keen Swine up de Kanzlei.
1891. Dar mutn olb Swin um lachn, ober: Dar kann keen Koh 't Lachn um latn.
1892. Dat geit bi Nurtn un Stötn as de Swine pißt.
1893. De 't Swineringen anfangt, mutt sik 't Girn ge=falln latn.
1894. Gnurrende Swine territ den Sakk.
1895. He kikkt dör de Hare, as de Auricher Swine.
1896. He will sik betern upt Oller, as de Mighamelkes, de 't Flegn lehrt, ober: asn Winterswin.
1897. De sik in Korn un Brannwin besuppt, de isn Swin.
1898. Een Swölk makt nin Summer.

T.

1899. Nin Tal of Tekn vun wat hebbn.
1900. De Tagel kummt tor Draggt.
1901. Takeltüg.
1902. Melktähn. — Bottertähn. — Lekkertähn. — Slikkertähn.

1903. Haar upr Tähne hebbn.
1904. Se is so smerig, man schull er mitr Tange nich anfatn.
1905. Tanterlantant.
1906. Täterletät, auch: Töterletöt.
1907. So geel asn Tater.
1908. En Tater bestellt sin Harbarge, nich. (Vgl. Nr. 105.)
1909. Inr Taske summeln.
1910. Een inr Taske hebbn.
1911. Utn Tau slan.
1912. Dat isn Tau sünner Knopn.
1913. Een ton Tempel henut jagn.
1914. De Tährung nar Nährung settn.
1915. He hett et up, dat isn richtig Testment.
1916. Grinen as Viets Tewe.
1917. Fule Tewe.
1918. Tewen=Kinner un Mähren=Kinner mutt man nich to vel trau'n.
1919. Is mager de Tewe, sünt grot de Flöhe.
1920. De de Tewe in Huse hett, be hett de Hünn' upr Döre.
1921. En löpske Tewe.
1922. En verbetn Tewe.
1923. He süht ut, as de büre Tid.
1924. Behö de Tid!
1925. En beklummen Tid.
1926. En schrae Tid.
1927. Kummt Tid, kummt Rath.
1928. Hochbeendc Tibn.
1929. Dat is Tidverdriv bi de Wurstketel.

1930. De nich kummt to rechter Tib, de is fine Mahltib quit.
1931. Wifn wor de Timmermann bat Loff apen latn hett.
1932. He hett wat inn Timpn.
1933. He is licht uppen Tipp trebn.
1934. En Titte haln.
1935. Darup is got töbn, awer quab faftn.
1936. Den Tobringern ichts, den Afbringern nir.
1937. En bögde Togg don.
1938. Lange Töge halt dat Beer utr Kanne.
1939. He hett et recht vörn Togg.
1940. Wat dat vör Töge fünt.
1941. Narrentöge.— Schelmtöge.— Kindertöge.— Junkfetöge.
1942. Dat mag Tölke ton Nijenlanne of wol.
1943. De ahne Tom will ribn, liggt fafn inn Sanne.
1944. Topp un Tögel beran fettn.
1945. He versteit de Törf in bree'n to klövn.
1946. Twee Brokken gat vör een Törf.
1947. Nich recht bi Troft wefn.
1948. Dat 's man en Totaft.
1949. Dat Tüg fitt em fo brall uppen Life, as wennt berup neiht is.
1950. Wat 't Tüg holn will.
1951. Een Tüge, feen Tüge.
1952. Dat is de Weg nan Tugthufe.
1953. Tuffschullern.
1954. Wor de Tune am fibften is, bar ftiggt elfeen öwer.
1955. He is achtern Tun nich bot frarn.
1956. Man kann woln Tunpahl uptügn — anflebn.

1957. De bi de Haarn öwern Tun kummt, de kummtr of öwer.
1958. Dar steit he her un hett de Tunge inn Munne.
1959. He weet so vel vun Tutn as vun Blasn.
1960. Lopn asn Tüt.
1961. Dar bleb keen Tütje upt Rikk.
1962. Twee ut Five tehn.
1963. Twee vergat sik, dree slat sik.
1964. Uppen grönn Twig kamn.
1965. Twist makt Duist.

U.

1966. As 't klappen schull, harr der en Ule setn.
1967. Dar hett en Ule setn.
1968. Jk bün hier, as de Ule mank de Kraihn.
1969. Beter bi'n Ule to sittn, as bi'n Herter to hüpken
1970. He is so licht asn Ul.
1971. Sitt up em, he is vun Ulm.
1972. Et is sin eerste Utflugt.
1973. Tidelk wat, isn ehrelk Utkamn.
1974. Man kann de Ütze so lange pebbn, bet se quakket.
1975. He süht ut, asn Ütze, wennt blitzen will.

V.

1976. Vagels vun een Feddern flegt geern tohope.
1977. Vagels unnern Hot hebbn.
1978. De Vagel, de fröh singt, freet des Abnds de Katten.
1979. Jk hebbe dar al en Vagel vun singn hört.

6

1980. Beter en Vagel inr Hand, asn Duve uppen Dake.
1981. Beter in de Vagelfank, as inn Iserklank.
1982. De Vagels fangen will, mutt nich mit Knüppels darna smitn.
1983. Is bar keen Vagt inn Dorpe? —
1984. Gott lat use Vagt noch lange lebn; wi kunnen woln slimmern Döwel weer krign.
1985. As se noch Va'r un Mo'r sä'n, kunnen se Karken un Thorns bun, man as se Pa un Ma sä'n, kunnen se keene mehr unnerholn.
1986. He is so'lichte nich verfährt.
1987. Dat isn Verglikung vunn Saatsei'r.
1988. He is nich to vervulln.
1989. Ole Violn ruket nich mehr.
1990. He lett Violn sorgn.
1991. Dat is mi en Volksken.
1992. Een to vörn kamn.
1993. Vorwas kamn.
1994. Nu kummt de Voß ton Lokke herut.
1995. Et is man en Öwergang, sä de Voß, as se em dat Fell öwer de Ohren tagn.
1996. Luren asn Pinxt=Voß.
1997. Ik meen dat de Voß Hase was, un as ik tosagg, was 't en Fo'r Hau.
1998. De Voß weet mehr as een Lokk.
1999. Endelk mutt de Voß ton Lokk herut.
2000. „Go'n Dag all!" harr de Voß seggt, do harr he inn Gooskavn kekn.
2001. Et was dar so vull, et krimmelde un wimmelde.

W.

2002. Gode Waare kofft Fiends Geld.
2003. Darna Waare, darna Geld.
2004. Wenn he wach ward, so böggt he nich.
2005. Da 's lange wachtn, man quab fastn.
2006. Wabbik un Wehdage.
2007. De krakelnde Wagn holt am Längstn.
2008. Wor de korte Wagn nich kummt, dar mutt de lange Wagn wedder kehrn.
2009. Wat man mitn kortn Wagn nich brengt, dat kann man mitn langn nich haln.
2010. He ringt noch so lange na den vergulden Wagn, bet he de Lunse darvun kriggt.
2011. Em isn Rad utn Wagn lopn.
2012. Een up de Nullwagn krign.
2013. As de Wagn nich slet unt Perd nich freet, was 't got Fohrmann wesn.
2014. De der wagt, de der winnt.
2015. De babn us wohnt, betahlt Alles.
2016. Dat rakt keen Wall of Kante an.
2017. He kummt in Leger=Wall.
2018. Da 's flei Wark.
2019. Et is hilde Wark mit de Beidn.
2020. Et is noch junk Wark mit em.
2021. Nin Hand int Wark stekn.
2022. Vör wat, mutt wat — hört wat.
2023. He süht ut, as wenn he keen Water dröft hett.
2024. Dat smekt as Schöttelwater.

2025. De stillsten Waters hebbt be deepsten Grünne.
2026. Keen vul Water utgetn, ehr man rein weer hett.
2027. Da 's Water up sin Mölen.
2028. Dat löppt em bi de Rügge up, as kold Püttwater.
2029. De en Webemann nimmt, de Pötte un Prullen sind.
2030. Dat is em in de Weege nich vörsungn.
2031. Dat is so lik as de Weg na Bremen.
2032. Een goden Weg umme, is keen krumme.
2033. Bi Wege lank.
2034. De den rechten Weg geit, be sleit keen Zwikk int Oge.
2035. De ann Weg but, hett vel Mesters.
2036. He loppt mit as be Weerth vun Bilefeld.
2037. As de Weerth is, so berab Gott de Gäste.
2038. Duk unner, de Welt is die gram: ober: Krup unner 2c.
2039. Du blinne Welt, wat grabbelst du in Düstern!
2040. De Welt is vull Pin, elk föhlt sin.
2041. Wat Een weent, dat pißt he nich.
2042. Dar will nix anners vun weern as moje We'r.
2043. He spölt der moi We'r mit.
2044. In 't stille We'r is 't got Haver sei'n.
2045. Dat Lüch brennt, as wenn en Wever bot is; ober: as wenn en Wever umt Hus geit un freet na be Maid.
2046. Ga hen un lehr 't Weven, dann kannst en Amt.
2047. He schüttr öwer as Peter Wever up be Landdag.
2048. Hett he der en Wiv an, hebb ikr en Kik an.
2049. Hof um de Maan, bat schall wol gan; Hof um de Sünn dar schreit Schippers Wiv um.
2050. Ik wull leever sin Gesangbok wesn, as sin Wiv.

2051. Junk Wiv gifft Tidverdriv.
2052. Klar is Kes: 't Wiv in de Kram unt Kind is bot.
2053. Dat schall em kamn as bi de olen Wiver de Melk.
2054. Dat will vundage en heetn Dag warrn, sä dat ole Wiv, as se verbrannt warrn schull.
2055. De Wiver un de Sniggn möt dat Hus brägn uppen Ruggen.
2056. De en bös Wiv hett, de hett den Döwel ton Swager.
2057. De Weg möt se Alle an, sä't Wiv, do fohrn se mit ern Mann nan Galgen.
2058. En got Dink will Wile hebbn.
2059. De Willige nimmt den Unwilligen dat Brod utn Munne.
2060. De nich will, be nich schall.
2061. De war will, de kann war kamn.
2062. Dar isn Winverlater sturvn.
2063. Dat kummtr so verflagner Wise herut.
2064. De Wise began.
2065. Dar geit en hoge Wise up.
2066. Wit un sid.
2067. Da 's lutr Wind.
2068. Vör Wind un We'r löpn.
2069. Dar is Wind vör de Hofdör.
2070. De Wind weiht wol Sandbargn, man keen Gold= bargn tohope. (Vergl. Nr. 223.)
2071. He kriggt de Wind vun vörn.
2072. He makt Wind as Eve.
2073. Wat Winkel un Orde stehlt, kummt wedder.
2074. Allerhilgn stiggt de Winter up de Wilgn.
2075. Is 't nich wisse, so is 't misse.

2076. Hol't wisse!
2077. As Een in sin Wolmacht is, so is he ok in sin krankn Dagn.
2078. Dat is Dürkopsbrand, sä Woltert, do lee he de Vigeline upt Für.
2079. So fründelk asn Ohrwerm.
2080. Sik wringn asn Worm.
2081. Baske Wöre holt den Mann vunr Döre.
2082. En got Wort sind en gode Steh.
2083. De lank hett, lett lank hangn.
2084. Jk draff nich een Kikkwort sprekn.
2085. He seggt wol en Wort un left en Jahr darna.
2086. Et is'n hart Wort, dat sik ni seggn lett.
2087. Dat Wort kummt wider as de Mann.
2088. Dat Wort is herut un de Esel binnen.
2089. En hart Wort holt en Kerl vun de Bo'st.
2090. He kummt upt Slagg as Jan Wübben up de leste Legge.
2091. Et is inn Twölften, man draff den Wulf nich nömn.
2092. Peter wat as gar nix, sä de Wulf, do freet he en Mügge.
2093. Gebuld leeve Seele: 't Hartslag is to Für; mörgen gifft 't friske Wurst.
2094. Wuttels un Röwen achter Fasslabnd un en Diern achter dartig Jahr, de hebbt beide den Smakk verlarn.
2095. Dat schall wol bi de Wuttels gar warrn.

2096. Een X vörn U schrivn.

Glossar.

Aant f. Aantvagel m. Ente.
Aebär m. Storch.
Abnd m. Abend; Ofen.
Ap m. Aplatt f. Affe. G. z. D.
Arfe m. Erbe.
Ars, Eers, Mars, Närs m. After.
Baas m. holl. Meister, Gebieter. Demnach: He sitt Baas an Er sitzt Oben an.
Babn, baben Oben.
Babnbrod n. Botenlohn; babn Partic. von beeben bieten; beebe, bot, babn.
Bakk n. Gefäß, Trog. Napf, Kübel; Bakkbord, die linke Seite eines Schiffes, Stürbord, die rechte Seite eines Schiffes.
Bar m. Bär; fig. Schuld.
Bargebur. Ort in der Nähe von Norden in Ostfriesland.
Barm f. Bierhefen R. W. 10.
Bate f. Hülfe, Nutzen, Vortheil Sch. W. 17.
Been n. Bein; buten Veens lopen. Ehebruch treiben.
Beer n. Bier; de Maan geit al to Beere, der Mond hat sich im Aufkommen verspätet (September) G. z. D.
Begeiste-wäisten beschwatzen. Begöösken. St. W. 12.
Behof n. Bedürfniß; sin Behof don, sein Bedürfniß verrichten.
Bekk m. Maul, Schnabel. St. W. 13.
Benüll n. Verstand.
Blokklander. Einer aus dem Blocklande, in der Nähe Bremens.
Böe f. holl. Bui f. Schauer, Gewitterschauer, fig. plötzlicher Unglücksfall — gute oder üble Laune. G. W. 70.
Boner m. ein kleiner Besen, der zum Scheuern der Kochtöpfe benutzt wird.
Borssel f. pl. Borssels. Bürste, Bürsten.
Bra'n m. abgekürzt von Bradn m. Braten; Bra'n und Sa'n, Gebratenes und Gesottenes.
Brek n. Gebrechen; breke, brok, braken, brechen.

Brögam m. Brügen Bräutigam.
Brö't m. abgekürzt von Broder m. Bruder.
Brugge f. Brücke, holl. Brug, fig. Butterbrod.
Bukbete m Leibschmerz.
Bül m. Beutel; männlicher Geschlechtstheil.
Bunke m. Knochen; auch Knakn m.
Butke m. Butz m. auch Butzemann, oberd., Butzemann, niederd. Butze m. mitd. Poltergeist, Kobold. M. III. 267, L
Dägs Tüchtiges, Gutes.
Dak n. Dach; Dak m. Nebel; daken nebeln, fig. schelten.
Deeg m. Teig. St. W. 31.
Deert n. Thier; Undeert n. Unthier.
Dehl f. Diele, Flur, Hausflur. Deel n. Theil, Menge, Stück, Ding, Sache. Sch. W. 42.
Deterfetei fig. für Furz.
Dieffkater m. Teufel.
Diern, Deern m. Mädchen.
Dik m. Deich; diken, deichen; Diker m. Deicher.
Disk m. Tisch.
Dod m. dot, Tod, todt.
Dögd f. Tugend, holl. Deugd.
Domine m. Pastor.
Dopp f. Hülle, Schaale. St. W. 36, fig. Fingerspitze.
Dor m. Thor; Dorjeri f. Thorheit.
Döwel m. Teufel.
Drade, dra, schnell, geschwind.
Drapen m. Tropfen.
Drauen, drälen, langsam thun, zögern, zaudern. Schwed. droja, dröna, holl. tralen, truilen, engl. draggle, drawl. M. III. 18, 26. Draueler, Drönpeter, ein langsam langweilig Redender.
Dünnegge f. Dünnung des Kopfes, die Schläfe (der Schlaf am Haupte). Sch. W. 51.
Dwattje n. albernes, einfältiges Mädchen. St. W. 44.

Dwingeland 1) Tyrann, Despot, 2) störriges Kind. St. W. 44.
Echt, Ehe. St. W. 44.
Emden, Stadt in Ostfriesland.
Enterfahl n. ein 1jähriges Rind. St. W. 48.
Er — è — pron. poss. ihr.
Etiff m. Essig.
Faßun n. Gestalt, Mode, Schnitt eines Kleides, Arbeitslohn, hohe Geburt, feine Lebensart, holl. Fatsoen. C. W. 112.
Fege, dem Tode geweiht. St. W. 52.
Feling, Westphale. St. W. 52. fig.
Grobian.
Fent, 1) Bursche, Junge, 2) ein Impotenter, Unmannbarer. St. W. 53.
Fentjen n. Fähnchen. Dat Fentjen upn Hot steln fig. ausgelassen, fröhlich, vergnügt sein.
Fiddik m. Schlafittjen, Flügel; fig. Rockzipfel, Aermel, Kragen St. W. 219.
Fidippse, wohl aus Kippse gebildet, Mütze.
Flabben, Bakken, Wangen; flabben, küssen mit Schall. St. W. 55.
Fleger m. = Flegel, Dreschflegel fig. Zerstreuer oder Verschwender.
Flentern, Stuhlgang mit Durchfall. St. W. 56.
Flimstriken n. Schmeicheln.
Flinsen pl. Glikken, ein Geringes.
For n. Fuder, Futter; Fore f. Furche.
Fork f. Heugabel von Eisen, von Holz, Gaffel; die Eßgabel, Gawel, Meßforke, Mistgabel.
Fre, Frede m. Friede.
Fummeln, müßig herumschwänzen. R. W. 67. Unordentlich durcheinander legen, zerknittern, betasten, ausgreifen; fig. coitum exercere. St. W. 63.
Für n. Feuer.
Gadung f. Gattung. Art.
Gapenstock m. Gaffer, Maulaffe.
Gasthus n. Spital, Armenverpflegungshaus.
Gatt n. Loch.
Gek m. Narr. St. W. 67. Gekkheit, Narrheit, Thorheit.
Gerif n. Aushülfe, gefälliger Dienst, Bequemlichkeit. St. W. 69.

Gerifell, geriflik, dienstfertig, gefällig. St. W. 69.
Geter f. Gießkanne zum Begießen. St. W. 69.
Gewel m. Giebel; fig. Kopf.
Gissen, muthmaßen, wähnen. R. W. 74.
Gissing, nach Bedünken. R. W. 74.
Glepoge n. Schielender.
Görte f. Grütze.
Göte f. Gosse, Rinnstein.
Grindel m. Riegel. St. W. 75.
Grummeln, leise donnern.
Gruttn, auch Grus, kleine Brocken, Stückchen. St. W. 77.
Hansle m. Handschuh.
Heben m. der hohe Himmel, im Gegensatz zur Kimmung, dem Horizont. G. z. Q.
Heger m. Sparer.
Heken un Seken, Männchen und Weibchen.
Helle f. Hölle. Sch. W. 78.
Hellig adj. ausgedörrt.
Helmke Bruerknecht fig. ein grober Mensch.
Herter m. Elster.
Hinte, Dorf nahe bei Emden.
Hoike, Hök, Hoek, Heuke, Heike f. Ueberwurf, Mantel. M. V. 520, 8.
Holske, Klumpe m. Holzschuh. M. V. 166, 139. 527, 603.
Hopen m. Haufen.
Hoppen m. Hopfen.
Hor, Hore f. Hure.
Hud f. Haut.
Hulter de Pulter, über Hals und Kopf, in unordentlicher Eile. R. W. 100.
Hütentüt, Schimpfwort auf einen unnützen Arzt. R. W. 101.
Janen, hojanen, hojappen, gähnen; japen, das Maul aufsperren, gaffen; jappen, freq. oft den Mund aufmachen, nach Luft schnappen, sächlich: nicht eng, fest anschließen. G. z. Q.
Imme f. Biene. Apis melliflca. Sch. W. 90.
Jögd f. Jugend, holl. Jeugd.
Jömitt gan, durch Unachtsamkeit verloren gegangen.
Ypern = Dpern, wo ein scheußliches Standbild des Todes war. Körte. M. V. 171.

Je n. Eis.
Junk warrn, geboren werden.
Kans f. Gelegenheit, Gunst des Augenblicks; holl. Kans.
Kalfatern, Schiffe auswerchen; fig. abkarten, überlegen; holl. kalfatern.
Karn f. Butterfaß, karnen, buttern. G. z. O. Karmmelk f. Buttermilch.
Karn = Karve f. Kerbe, Einschnitt; vergl. Kerskarn.
Kark f. Kirche; holl. Kerk.
Karkdörp, Dorf in der Nähe Aurichs in Ostfriesland.
Kassebeer f. Kirsche.
Katekerken n. Eichhörnchen.
Kednhund m. Kettenhund.
Kekelremn m. Zunge.
Kers f. Kerze; holl. Kaars.
Kikel-Kakel, Schnack.
Kiker m. Kucker.
Klütje n. Kloß.
Klüwerstaken m. Springstock, eine unten mit einem zweimal eingekerbten Kloß zum Ansetzen versehene Stange, die man besonders in der Marsch zum Ueberspringen der Gräben gebraucht. G. z. O.
Knagge m. Ast, Knorrn, Kienholz; überhaupt ein dickes Stück. Engl. knag. H. H. W. I. 887.
Knep m. Taille. Sch. W. 106. Knepe f. listiger Streich, Kniff, Schelmenstreich. Sch. W. 106.
Knikker m. Marmel.
Knullen, knüllen, einen biegsamen Stoff in ungestaltete Falten und Brüche drükken; dörknullen, durchfühlen, befühlen ohne Rücksicht, vielleicht auch coitum exercere.
Koje f. eine bretterne Schlafstelle der Landleute und Schiffer; holl. Kooy.
Kön (?) vielleicht wählerisch.
Kötel m. ein Klümpchen Koth. namentlich die harten und rundlichen Excremente der Thiere, z. B. der Ziegen, Schafe, Schweine und Mäuse. Sch. W. 110.
Kraih f. Krähe.
Krauter m. Tollkopf, Wüterich.
Krete, Kerbe, Ritze, Spalte. R. W. 138.

Kribblen pl. Grillen.
Krönk f. Chronik.
Külde f. Kälte.
Küpsakk m. Kübel.
Ledder, abgekürzt Le'r n. Leder; ohne Kürzung auch Leiter; dann aber m.
Leed n. pl. Leeder. Lied.
Leest m. Leisten.
Leevde, Leewe, Leefte f. Liebe.
Legte f. Niederung.
Lider m. Geduldige.
Lif n. pl. Liwer, Leib.
Limpe, gute Worte, schlaue Freundlichkeit. St. W. 137.
Log n. ein kl. Ort. Vergl. Loh. H. H. W.
Lorenz, Krumme fig. Diener.
Lov n. Laub; Espenlov n. Espenlaub.
Lünink, Lünk, Huslünk m. Sperling. G. z. O.
Lüttjes, wat — krign. Im Kindbett sein. Wochenbett halten.
Mank, manken, zwischen.
Mat 1) Maaß, 2) Mitglied, Kamerad, Gehülfe. St. W. 144.
Matsfotts, Matsfüsel, Matspump, Schimpfworte für einen einfältigen dummen Menschen.
Mennist, Mennonit.
Migen, (isländ. miga; lat. mingere, meiere) harnen. H. H. W.
Mighamelke n. Ameise. St. W. 150.
Minsk m. Mensch.
Moje f. Mühe; moi, moje, schön.
Molt m. Malz.
Möme f. Muhme, Tante; holl. Moei.
Mo'rtjen n. Mütterchen, abgekürzt aus: Modertjen.
Mudder m. Dreck.
Mültjes Dim. von Müle, lederner Pantoffel. St. W. 153.
Munje n. Dim. von Mund, Mündchen, Mündelein.
Munjeproten n. Nach dem Munde reden, Schmeicheln.
Murt n. Torfmull. St. W. 155. Mull, lockere, trockene Erde. St. W. 154.
Mussel f. Muschel; holl. Mossel.
Mustert m. Senf; holl. Mosterd.

Naber m. Nachbar.

Natel f. Nadel (goth. nethla; altd. nadala; angels. näbl; engl. needle; isländ. nal; schwed. nål). H. H. W.

Netelkutte, Schimpfwort für ein langsames Frauenzimmer.

Nettel, Nessel. St. W. 159.

Nies n. Neues.

Niff-Niff. Schimpfwort für ein klatschendes Frauenzimmer.

Nin, gebildet aus: „Nich een"; also: kein.

Nörders, Einwohner der Stadt Norden in Ostfriesland.

Nothstall, ein Gestell oder Gerüst, worin unbändige Pferde zum Stillstehen gezwungen werden.

Nöttens, ein Ort nahe bei Wittmund in Ostfriesland.

Nück m. pl. Nücke und Nükken, der Sing. selten, gew. Nükke. Mnd. Nukke; holl. Nuk f. Tükke, Bosheit, Falschheit, üble Laune, Eigensinn. Sch. W. 146.

O'r, gekürzt aus oder, oder.

Ortje, ein ¼ Stüber (Kupfermünze, die im Verkehr nicht mehr vorkommt).

Oß m. pl. Ossen, Ochse, swarte Oß, fig. Teufel.

Pagelun m. Pfau.

Parre f. aus Parochia, Pfarre, Pfarrhaus. Sch. W. 152. Eerst de Parre, denn de Quarre. Warnung vor verfrühten ehelichen Freuden.

Paschdag m. Ostern; holl. Paschen, Paaschfeest. C. W. II. 213.

Peddik m. das Innerste, das Mark. R. W. 152.

Pikk n. Pech.

Pikkedrat hiß! — Meister Pikkedrat, Schimpfworte für einen Schuhmacher.

Pingsten pl. Pfingsten; holl. Pinksteren.

Pipp (schwed. pipp; engl. pip; franz. pépie) uneigentlich für: Reim zu einer tödtlichen Krankheit. H. H. W.

Plumme, Plume f. Pflaume.

Plünn m. pl. Plünnen, Lumpen, Lappen.

Pogg, Pokk m. Frosch, sprichw. för Poggen un een Hek, viel Geschrei, wenig Wolle.

Pokkenstohl m. Pilz, Hutpilz. G. z. O.

Pukkel m. Rükken.

Püsterflikken, an Dingen, die wenig Werth haben, viel Zeit wenden.

Pütte f. Brunnen; Straßengosse. St. W. 185. Sch. W. 162.

Quarre f. ein viel weinendes Kind.

Rakbewes, Etwas nehmen, wo man's findet. St. W. 194: Gerathewohl.

Rakker m. Teufel.

Rasphus n. holl. Rasphuis, Raspel, Zuchthaus. C. W. 369.

Reis, ins, einmal.

Rekel m. ein großer Hund; fig. Flegel, Schlingel. St. W. 193.

Reken f. Rechnung.

Repp — in der Redensart: Repp un Ror, Bewegung, Geschäftigkeit f. Ror. St. W. 199.

Ribbelappe m. 1) großer Lederlappen, welcher beim Ribben des Flachses gebraucht wird. 2) schlechter Käse, fig. 3) alte Vettel. St. W. 199.

Riff. f.: Wim.

Riwe, adj. u. adv. L adj. 1) nicht blöde, dreist, schnell, entschlossen, verschwenderisch. 2) oft vorkommend, in Menge vorhanden, 3) leicht zu spalten, leicht zerbrechlich; II. adv. 1) reichlich, 2) ohne Anstoß, mit Leichtigkeit, 3) ohne alle Unterbrechung, 4) rein, gänzlich. Sch. W. 174.

Rofgot n. geraubtes Gut. St. W. 203.

Ror, Aufruhr. St. W. 204.

Roth f. Ruthe.

Röwe f. Rübe.

Rumpslag m. Zufall.

Rümte f. Raum.

Rusje f. Streit.

Rusk m. Rausch.

Sa'n, Gesottenes, f.: Bra'n.

Schene f. Schienbein.

Scherbellenkopp m. Scherbellskupp n. Maske

Schewatsk, adj. 1) schäbig, abgeschabt, abgetragen, kahl, z. B. von einem Rocke, 2) räudig, vom schlechten Aussehen; auch schawig, schewig, schewisch. Sch. W. 181.

Schöttel m. Schüssel.

Schöwel m. Schlittschuh.

Schragn m. ein hölzernes Gestell auf vier Füßen; der Sägebock, in welchem das zu sägende Holz hineingelegt wird; der Waschbock. Sch. W. 185.

Schieve f. Strich, Linie, Richtschnur. St. W. 234.

Schrubber m. Reis-, Heidebesen; schrubben, scheuern.

Schrumfunfeln, unordentlich gehen.

Schubberdebunk, Up Sch. gan, schmarotzend von einem zum andern gehen. St. W. 235.

Schur n. Schaner.

Schürdör f. Scheunenthüre; fig. Laß.

Seer adj. wehe.

Sege f. Ziege.

Seil n. Segel.

Seve n. Sieb.

Sliepert, Sliper m. 1) Schleifer; 2) eine Art des Tanzes. Sch. W. 195.

Slot m. Graben.

Smu m. Gewinn, Profit. St. W. 227.

Snigge f. Schnecke.

Snött m. Rotz, Nasenschleim. St.W. 229.

Snute f. Maul.

Snuwen, 1) Schnauben, 2) pochen, trotzig reden, 3) suchen, spüren, 4) geschwind fortgehen. N. W. 276.

Solt n. Salz.

Söpln n. Schnäppchen.

Spellmaker m. Knopfnadelmacher.

Sprikke m. dürres Zweiglein; fig. dürrer, hagerer Mensch. St. W. 255.

Steek m. dreieckiger Hut. St. W. 259.

Stehlen, stehle, stöhl, stahlen; stehlen.

Stennsels, fig. dicke Beine.

Stulpen m. Deckel.

Stürmann m. pl. Stürlü, Steuermann, Steuerleute.

Sünder Klas, St. Nicolaus, der 6. Decbr.

Süster f. die Schwester. Züs, Züster f. Schwester. Züsje n. Schwesterchen. C. W. 485.

Swad m. weitläufiges Geschwätz.

Sweet n. Schweiß.

Swep f. Peitsche; holl. Zweep; angels. svipe; altn. svipa; dän. svöbe. G. z. O.

Swir, Swiren sv. schwärmen, schwelgen, lustig leben, ausschweifen; holl. zwieren, dän. svire. Sch. W. 223.

Swulf, Swölf, f. Schwalbe. G. z. O.

Tagel m. geflochtener Prügel von Riemen oder Stricken. N. W. 303.

Tater m. Zigeuner.

Temse f. Sieb, s. Seve.

Terborg, Dorf nahe bei Emden.

Tin n. kleines Faß; Mehltin, Mehlfäßchen.

Tobulen, heimlich schlagen.

Toschranzen, heimlich zustecken.

Togg m. pl. Töge, Zug.

Tohn, Zehe an den Füßen. N. W. 309.

Tom n. Zaum.

Trod, getraut. Troen, 1) trauen, vertrauen; 2) trauen, heirathen. St. W. 288.

Tüge m. Zeuge.

Tun m. Zaun.

Tunnerpott m. Zündbose.

Tüt f. Huhn; Tütje n. Hühnchen.

Umrahm, eine unordentliche Lebensweise führen. N. W. 203. Irrthum, auf irrige Gedanken gerathen.

Utverpudert, adj. unverschämt.

Va'tjen n. Väterchen, abgekürzt aus: Vadertjen.

Verquakkeln, in Kleinigkeiten unnütz verschwenden, vergeuden. St. W. 314.

Verstiwert, versessen sein auf etwas.

Vundage, heute; vunabud, heute Abend; vunmiddag, heute Mittag; vunnacht, diese Nacht. G. z. O.

Wakkik, Molken; auch das Wäßerige in der nicht gehörig ausgearbeiteten Butter. H. H. W.

Wedder, Präp. adv. wider, wieder. u. Wetter, abgekürzt: We'r; weddern, gewittern, wetterleuchten; Ähnwe'r, Unwetter. G. z. O.

Wehdage pl. Schmerzen,

Weke f. Woche. Weeke f. Weiche.

Weten m.Weizen; weet, wuß, weten, wissen.

Wim, Querstange, Latte oder dünner Balken, worauf sich die Hühner setzen; imgleichen woran man Spell ꝛc. hängt. N. W. 339.

Wöltern, weltern sv. wälzen. Sch.W. 293.

Abkürzungen.

Adj. Adjectiv.
Adv. adverbial, Adverbum.
Allit. Alliteration.
altd. altdeutsch.
altn. altnordisch.
angels. angelsächsisch.
C. W. Cramer holländ. Wörterbuch.
dän. dänisch.
dim. Diminutiv.
engl. englisch.
f. femininum.
fig. figürlich.
franz. französisch.
G. z. Q. Glossar zum Quickborn.
gew. gewöhnlich.
goth. gothisch.
H. H. W. Heyse Handwörterbuch der deutschen Sprache.

holl. holländisch.
isländ. isländisch.
lat. lateinisch.
M. die deutschen Mundarten v. Frommann.
m. masculinum.
n. neutrum.
Partic. Particip.
pl. Plural.
pron. poss. pronomen possessivum.
R. W. Richey, Idicticon Hamburgense.
s. siehe.
Sch. W. Schambach Wörterbuch.
schwed. schwedisch.
Sing. Singular.
sprichw. sprichwörtlich.
St. W. Stürenburg ostfries. Wörterbuch.
sv. schwaches Verbum.
Vergl. Vergleiche.

Bremen. Druck von C. Schünemann.